此项研究受到教育部人文社科青年基金项目(10YJC790410)
江苏省教育厅人文社科研究项目(2011SJB790004)资助

高校社科文库
University Social Science Series

教育部高等学校
社会科学发展研究中心

汇集高校哲学社会科学优秀原创学术成果
搭建高校哲学社会科学学术著作出版平台
探索高校哲学社会科学专著出版的新模式
扩大高校哲学社会科学科研成果的影响力

周卫民／著

经济增长的内生动力：基于管理投入的研究

The Endogenous Power of Economic Growth:
A Study Based on the Management Factor

光明日报出版社

图书在版编目（CIP）数据

经济增长的内生动力：基于管理投入的研究 / 周卫民著.
--北京：光明日报出版社，2013.1（2024.6重印）
（高校社科文库）
ISBN 978-7-5112-4022-4

Ⅰ.①经… Ⅱ.①周… Ⅲ.①中国经济—经济增长—
研究 Ⅳ.①F124.1

中国版本图书馆 CIP 数据核字（2013）第 020407 号

经济增长的内生动力：基于管理投入的研究
JINGJI ZENGZHANG DE NEISHENG DONGLI：JIYU GUANLI TOURU DE
YANJIU

著　　者：周卫民

责任编辑：祝　菲　　　　　　　　责任校对：傅泉泽
封面设计：小宝工作室　　　　　　责任印制：曹　诤

出版发行：光明日报出版社
地　　址：北京市西城区永安路 106 号，100050
电　　话：010-63169890（咨询），010-63131930（邮购）
传　　真：010-63131930
网　　址：http://book.gmw.cn
E - mail：gmrbcbs@gmw.cn
法律顾问：北京市兰台律师事务所龚柳方律师

印　　刷：三河市华东印刷有限公司
装　　订：三河市华东印刷有限公司
本书如有破损、缺页、装订错误，请与本社联系调换，电话：010-63131930

开　　本：165mm×230mm
字　　数：180 千字　　　　　　　印　　张：11.25
版　　次：2013 年 1 月第 1 版　　　印　　次：2024 年 6 月第 2 次印刷
书　　号：ISBN 978-7-5112-4022-4-01

定　　价：65.00 元

CONTENTS 目 录

绪 论

第一节 研究背景与意义

一、研究背景

改革开放以来，我国经过三十多年的高速经济增长，人均收入与人民生活水平显著提高。1978 年，中国国内生产总值为 3 645 亿元，2008 年跃升至 300 670 亿元，30 年间，国民经济实现了年均 9.8% 的增长速度。2006 年，中国经济总量赶上了英国。2007 年，中国的经济总量超过德国，成为世界第三。2009 年，中国经济总量超过日本已是世界第二大经济体。国家统计局 2011 年 2 月 28 日发布《2010 年国民经济和社会发展统计公报》显示，中国 2010 年国内生产总值 397 983 亿元，经济总量稳居世界第二。但如果按人均计算，中国人均 GDP 却只有日本的 1/10。我国较大的经济总量和较小的人均量之间的矛盾凸显了我国经济发展中存在的问题，引起了我们的思考。

2008 年末以来，世界性金融危机和经济衰退不可避免地影响着中国的经济增长，在外部冲击下中国经济增长速度的下行态势更加明显。然而，即使不考虑这种外部冲击，中国经济本身就已经出现了问题。主要表现在两个方面：其一，中国作为"世界工厂"，大规模生产使资源日趋耗竭，在资源和环境有限的约束条件下，仅仅依靠粗放式要素资源投入数量的扩张，我国经济增长势必难以为继；其二，有研究已经表明，我国经济增长中具有自主知识产权和自主创新的技术进步贡献成分，与国外相比还很小，短时间内不可能有大的突破（吕冰洋、于永达，2008）。中国的技术进步主要依赖于对世界前沿技术的吸收和模仿（彭国华，2007）。这两方面使得我国高速经济增长必须主要依靠生产要素使用效率的提高来维持。我国已有的发展经验说明了这一点。

从我国 1950 年至今的经济增长情况看，如图 0.1 所示，最低 1961 年增长率为 – 31.0%，1962 年增长率为 – 10.1%，最高 1958 年增长率为 32.2%，经济增长表现出大起大落，究其原因在于改革前我国经济增长完全是依靠要素投入数量的扩张来实现的。如果把改革以来 1978 ~ 2009 年中国 GDP 增长率变动大致分为两个阶段：1978 ~ 1995 与 1996 ~ 2009。在 1978 ~ 1995 年期间，1984 年最高增长率达 15.2%，1990 年最低增长率仅为 3.8%。而 1996 年至今，经济增长率基本维持在 7% ~ 12% 之间，在外部形式很不利的形势下 2009 年我国增长率仍然为 9.1%，经济增长渐趋平稳。实际上前一阶段 1978 ~ 1995 年间我国经济增长方式还属粗放型，后一阶段 1996 ~ 2009 年间增长方式逐渐向集约型转变，说明是要素使用效率的提高降低了经济增长波动的幅度，粗放型增长方式会带来经济增长大幅度的波动，而集约型增长方式会让经济增长相对平稳。那么，哪些因素会影响要素使用效率？

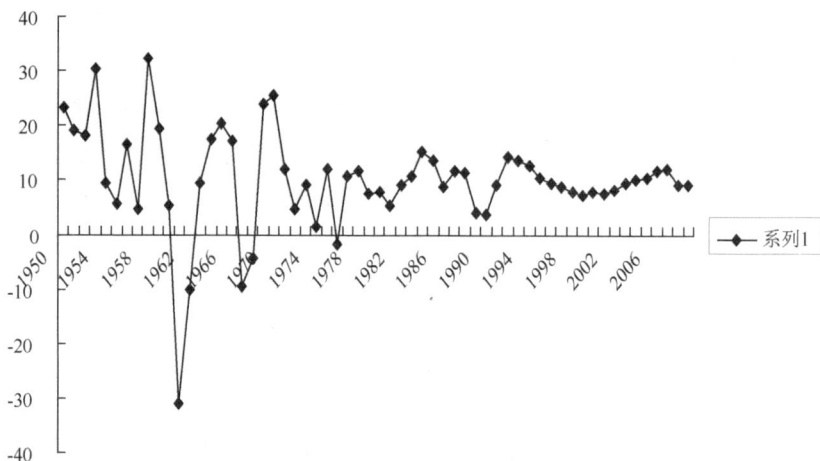

图 0.1　1950 ~ 2009 年中国 GDP 增长率变动图①

为了挽救经济增长自 2008 年以来的颓势，政府刺激经济投资了 4 万亿，把我国经济增长速度从 2008 年末以来的下滑中拽了出来，目前经济增长又基本恢复了原有的高速增长态势。然而，有研究表明政府大规模投资仅仅是短期

---

① 建国以来至"文革"末期（1950 ~ 1976 年）的增长率数据为工农业总产值的增长率数据。因为此时中国官方没有计算国内生产总值，工农业总产值相当于国内生产总值。相关数据来源于历年统计年鉴和统计公报。

行为，不可能持续，而且政府投资的经济效率低下。那么，哪些措施可以提高经济效率和长期有效地稳住我国高速增长的态势？这是政府和理论界当前都在探讨的问题。2009 年中央经济工作会议提出"保增长"向"稳增长"的政策取向转变，在外部需求即我国出口不足的情况下，扩大内需就成了一个稳增长的主要措施。

二、现实意义

可以造成经济波动的原因很多，包括消费不足、心理预期、宏观政策、汇率变化、货币发行、国际贸易往来等等方面。因此，不可否认扩内需等措施在稳增长和保增长中的重要作用，但是稳增长的措施肯定不是单一的。除此之外，我们注意到了各类企业在我国经济增长过程中的变化。在世界经济情况和国内经济情况变动中，最经不起冲击的是中小企业，而大企业相对较为平稳。例如我国经济一旦有点波动，首先是大量的中小企业倒闭，而大企业相对较为平稳。如图 0.2，乡镇企业数的变动可以近似表明中小企业数的变动。

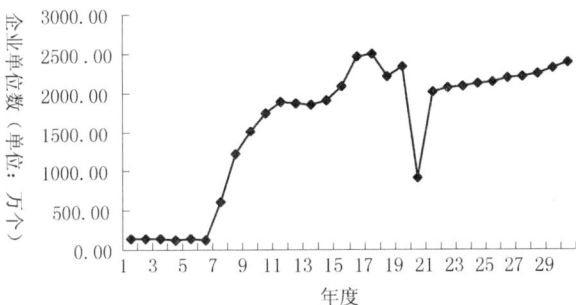

图 0.2　1978～2007 乡镇企业数（单位 万个）①

统计数据显示，仅 2008 年上半年全国有数万家中小企业陷于倒闭状态，而浙江省就有 1.2 万多家中小企业隐退。已有调研报告指出我国中小企业的平均寿命只有 3.7 年，而欧洲和日本企业平均为 12.5 年、美国企业平均为 8.2 年，德国 500 家优秀中小企业有 1/4 都存活了 100 年以上。我国中小企业存续时间过短是一个不争的事实。究其原因，除了外部融资难的原因之外，内部原因主要是中小企业管理投入不足，我国大多数中小企业主还不是真正的企业

---

① 数据来源：国家统计局，《中国劳动统计年鉴》，中国统计出版社，2008 年。

家。中小企业作为最有活力的企业，成长速度可以达到三位数以上，这种成长的高速度掩盖了其管理上的缺陷，使中小企业主忽略了内部管理。席酉民（2006）也指出在中国一些迅速崛起的区域出现了中小企业2～3之痒，即一些企业做到2～3亿元之后面临发展困惑。究其原因主要是中小企业管理问题。一定程度上，企业特别是中小企业管理投入不足是造成要素使用效率低下的关键因素。

统计数据也显示，2009年我国中小企业和非公有制企业数量已超过4200万户，占全国企业总数的99.8%。其中在工商部门注册的中小企业430多万户、个体经营户3800多万户。中小企业创造的国内生产总值占60%，上缴税收占50%，提供了大约75%的就业机会，进出口总额占69%，开发新产品占82%以上，全国有约65%的专利技术是由中小企业拥有的，75%以上的技术创新是由中小企业完成的。[①] 既然中小企业在我国经济中的地位和贡献如此之大，然而其不能应对经济情况变化和波动的内在原因是管理不足。出于此，本书主要关注并分析我国企业管理投入的变化和我国经济增长之间的关系，认为加强企业的管理投入可以达到提高我国整体要素使用效率，从而为稳定我国经济高速增长寻求一些有力措施。

三、理论意义

理论上，由于目前经济增长理论并没有从管理要素投入的角度来分析经济增长的效率来源，全要素生产率理论也并没有明确把管理要素作为影响全要素生产率的一个因素进行分析。而管理要素是提高要素使用效率、提高综合要素配置和整合效率的主体能动因素，管理是要素效率的主要来源。因此，无论是微观企业生产率的改进，还是宏观经济增长中全要素生产率的提高，都必须非常重视管理要素投入对效率的影响及其作用。

首先，把管理要素作为一种知识性资源，纳入内生增长分析框架，拓宽内生因素。基于内生增长理论的缺陷和罗默知识模型的不足，通过引入知识性管理要素来改进内生增长模型，进一步解释经济持续稳定增长的源泉，在罗默关于知识积累和外溢效应的理论基础上，从知识性资源的角度，发展一种新的内生性要素即管理要素，力图把报酬递增概念内生化，从而进一步丰富和充实内生增长理论。

---

① 数据来源：徐平国、陈全生，发展中小企业是我国保就业的现实选择，《经济研究参考》，2009年第42期。

其次，管理要素作为效率的主要来源之一，利用管理要素的效率贡献，改进 TFP 理论。在关于 TFP 的讨论中，认为全要素生产率考虑的投入要素越多，就越全面。然而，如果投入要素的每一项都能考虑进去，则生产率的差别就不复存在了，生产率的分析也就毫无意义了。通过加入各种要素投入，只是分解了一部分全要素生产率的贡献，使索洛剩余的无知部分减小，由此，还不能确定要素使用效率提高的真正途径。TFP 的提高主要在于技术进步和管理要素对效率的增进。所以，需要找到全要素生产率的主要来源，这个主要来源之一就是管理要素。因此，在理论界关于经济增长源泉论述的基础上，进一步把管理要素作为经济增长的一个重要因素，在内生增长框架下对 TFP 进行更有力地解释和分解。

再者，内生性管理要素的投入过程就是技术进步的一种实现机制，利用管理要素的内生性可以把非体现的技术进步内生化。内生增长理论在把技术进步内生化的过程中，也仅仅是把体现型技术进步内生化，非体现型技术进步仍然是一个外生变量，然而非体现型技术进步在增长中的贡献非常重要。事实上理论分析表明，在管理投入的视角下，非体现型技术进步可以内生化，这是内生增长理论的又一个重要的发展。

第四方面的理论意义在于，把管理要素当作一种知识性资源，在内生增长框架下分析管理要素的核心经济学内涵和作用特征，弥补了生产要素理论对管理要素分析的不足。实质上，经济学中生产要素理论长期忽略了对生产四要素之一即管理要素的分析，管理更多被当作一个管理学的范畴，管理学理论把管理仅仅看做是一种技能而只注重经验。实际上经济学的全部研究内容几乎都与经济效率有关，而如果把经济效率最重要的源泉之一管理要素置于不顾，那么经济学对效率的研究极有可能遗漏了一个重要的部分。管理要素在经济学中的地位不容忽视，特别是在内生增长框架下，管理要素的报酬递增性将使经济的长期稳定增长可以从生产四要素中找到一个更具有决定意义的因素，在实践和政策制定方面也找到了一条新的思路。

因此本书尝试着从管理投入的视角，理论上从知识性要素的角度重新界定管理要素，在内生增长理论框架下分析管理要素的作用和特征，用管理要素对生产效率的促进作用来解读"索洛余值"即全要素生产率这个无知的增长部分；同时，本书将证明管理要素作为内生经济增长的一个要素，同时也是技术进步中非体现型技术进步部分的一个主要来源；基于管理要素的报酬递增性，认为提高管理要素的投入是提高要素整体使用效率，从而促进和维持我国经济快速和稳定增长的有效措施。这在理论上是一个有用和开创性的尝试，从而也使本书的选题有很重要的实践意义和理论意义。

第二节　研究的技术路线和本书结构

本书在研究过程中首先进行有关调研和资料的收集，通过对相关文献和资料的整理，充分了解本研究的现实背景，明确研究现状和研究意义，从而形成具体的研究思路。研究思路的形成首先参照了丹尼森关于经济增长决定因素的观点（图 0.3 为丹尼森的分解图）。

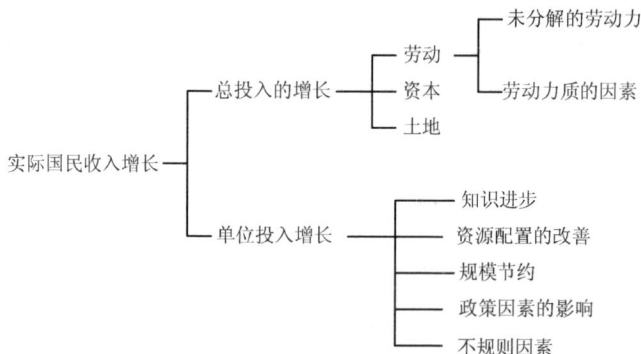

图 0.3　Denison 式分解

本书在丹尼森式分解的基础上，把经济增长的源泉归于要素投入和要素效率即全要素生产率两个方面，而全要素生产率（TFP）在增长理论中又等同于广义技术进步率或增长核算中的"索洛余值"；由于管理要素是效率的一个主要来源，通过把管理要素界定为一种知识性资源，在罗默模型的基础上论证其报酬递增性特征，从而把管理要素作为一种内生性要素纳入内生增长框架，并构建基于管理要素的内生增长模型；在此基础上分析管理要素的两种主要作用：企业家激励功能和配置功能的发挥，前者由于劳动力的可激励特征主要实现激励效率，后者主要实现配置效率；在内生性管理要素分析的基础上，把广义技术进步区分为体现型和非体现型技术进步，并尝试把非体现型技术进步内生化。基于此，对 TFP 进行计量分解，并实证分析我国经济增长中管理要素的作用以及管理投入对我国经济增长稳定的意义。

研究技术路线图如图 0.4。

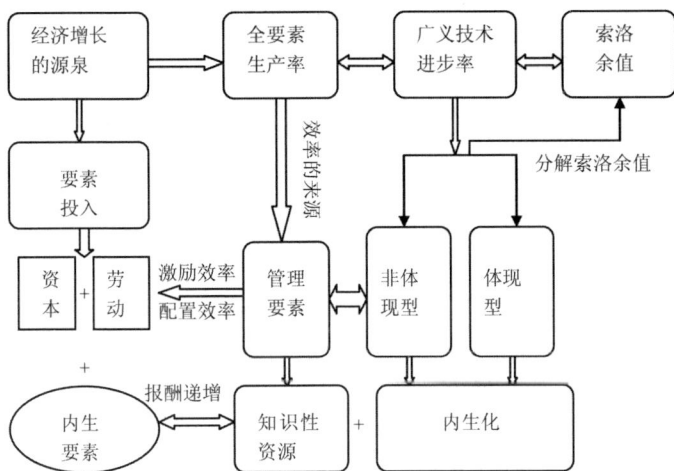

图 0.4　研究技术路线图

　　在上述研究思路的基础上，形成全书的具体结构：首先，结合我国经济增长中不稳定的中小企业经营现状，提出管理投入的相关问题及其对于稳定我国经济增长的作用与意义；其次，在对内生增长理论、技术进步与 TFP 理论、生产要素理论综合梳理和分析的基础上，明确引入管理要素对于上述理论发展的潜在可能；再次，结合上述相关理论，在概念上通过重新界定管理要素为一种知识性资源，在内生增长理论框架下，尝试着对罗默的知识生产模型进行改进，并分析管理要素的内生性特征；然后，构建一个基于管理要素的内生增长模型，根据管理要素的激励功能和配置功能，对生产投入进行重新分类，把企业家激励能力、劳动努力程度、政府在激励方面的投入等因素纳入模型，实现对内生增长模型的改进。在此基础上，利用内生性管理要素对技术进步理论进行拓展，并基于激励功能和配置功能提出了技术进步中生产要素产出弹性变动关系假说，同时对 TFP 进行重新计量；最后，从实现效率的主要来源即知识性管理投入角度对经济波动和经济危机的原因进行深入探索，寻找支持经济增长的长期动因及促进与稳定经济增长的措施，从而为我国经济增长的稳定和持续提供积极的政策建议。

　　本书的具体研究框架和结构如图 0.5 所示。

研究背景与意义

论文研究的技术路线和结构

研究内容和研究方法 → 第一章 绪论

可能创新与不足

内生增长因素理论梳理

TFP 理论文献评述

技术进步类型相关理论 简评 → 第二章 从内生增长要素到 TFP：技术进步内生化的理论研究

管理要素和企业家相关理论评述

管理要素的经济学内涵：新的界定

管理要素的作用特征

作为效率来源的管理要素作用形式 → 第三章 管理要素的知识性内涵界定和拓展内生增长理论的可能性

管理要素引进内生增长框架的可能性

模型构建：理论模型和实证模型

第四章 基于管理要素的内生增长理论模型

第五章 内生性管理要素对技术进步的促进：非体现型技术进步的内生化

第六章 内生性管理要素对 TFP 理论的拓展与 TFP 计量分解

第七章 中国经济波动与经济稳定：基于知识性管理投入的视角

第八章 结论

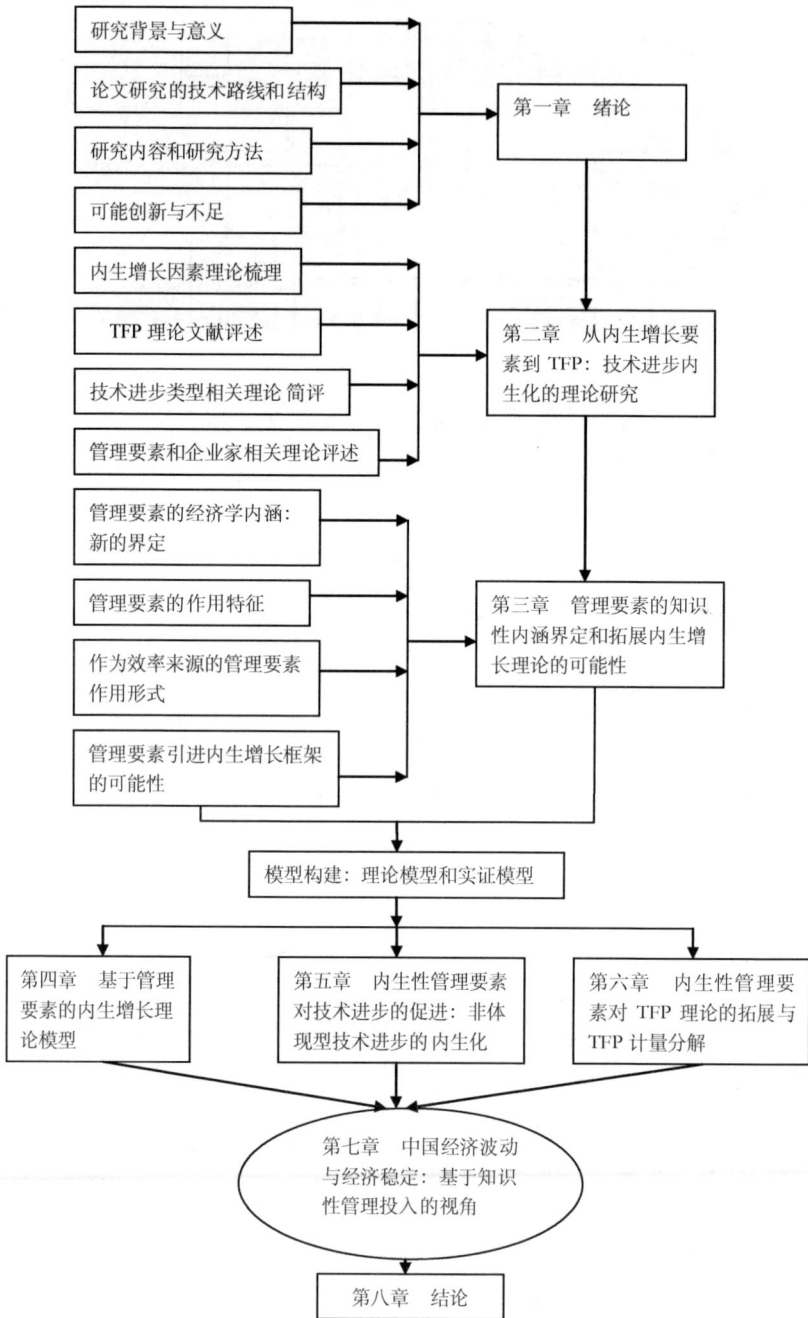

图 0.5 研究框架和逻辑结构图

第三节　研究内容和研究方法

一、研究的主要内容

本书主要从供给性经济学的角度，分析企业产出最大化的影响因素，假定需求方面的因素满足本书分析的所有条件。本书结合内生增长框架，把管理要素界定为一种知识性经济资源，在罗默知识驱动生产模型的基础上，沿着罗默的研究思路，论证管理要素的报酬递增性，把管理要素纳入内生增长的分析框架，从而完善生产要素理论。在全要素生产率理论分析中加入被遗漏的管理要素变量，从管理要素的核心内涵即企业家知识的溢出，包括企业家才能发挥和组织形式改进等内容，研究要素间的配置效率和激励效率的增进形式，从而理解管理投入是如何作为一种技术进步实现机制的，以此来重新考察生产要素的效率来源，从而对全要素生产率理论进行修正。

全书共分为八章，各章主要研究内容分述如下：

绪论

本章主要介绍了研究背景和意义。当前全球经济增长趋缓对我国经济增长稳定形成较大压力，而且我国要素使用效率不高是导致我国经济增长的可持续性和稳定性不足的内部原因，为了进一步寻求维持我国经济长期高速增长的动力，试着从企业管理投入的视角进行分析。本章同时还简要介绍了写作思路、研究的技术路线和论文大体结构、研究的大概内容和方法、论文的可能创新之处与不足。

1. 从内生增长要素到 TFP：技术进步内生化的理论研究

本章评述了经济增长因素的内生化概况，分析内生化因素对于解释和分解全要素生产率的作用和不足，以便明确技术进步内生化的逻辑和现状，从而指出非体现型技术进步仍然外生于经济增长的缺陷。在此基础上概述了企业家和管理要素的相关理论，分析并指出管理要素作为一种企业家知识的溢出，纳入增长理论分析框架，可以发展和改进上述理论，非体现型技术进步则集中表现为企业家知识的进展，最终使整个技术进步内生化。

2. 管理要素的知识性内涵界定和拓展内生增长理论的可能性

本章从知识性资源的角度重新界定了管理要素的经济学内涵，认为管理要素是企业家所拥有的知识及其溢出过程，并把管理要素界定为一种通过整合资源和组合其他要素的方式以扩大人们的能力范围和提高效率的知识性资源。管理要借助于一种机制或组织形式来整合资源和组合其他要素，它的存在形式是在一个资源或要素的集合体中。同时，试着论述了管理要素的报酬递增性和累积性特征，分析了作为企业家知识溢出的管理要素对于效率促进的可能作用形式。在罗默内生知识生产模型的基础上，把管理要素作为一种知识形式加入罗默模型，在此基础上分析管理要素的内生性特征及其对模型的改进意义。

3. 基于管理要素的内生增长理论模型

本章在管理要素的涵义以及对罗默模型改进的基础上，根据管理要素的激励功能和配置功能，把要素投入区分为激励型投入和配置型投入，结合企业家激励能力和劳动者付出的劳动努力程度，分别构建了两部门经济和三部门经济内生增长模型。在两部门经济内生增长模型中分析了激励型投入和配置型投入在增长中的作用，三部门模型则分析企业家激励能力和劳动者努力程度、政府对企业家激励投入等在均衡增长中的作用。

4. 内生性管理要素对技术进步的促进：非体现型技术进步的内生化

本章首先提出了一个生产要素产出弹性关系假说，即在技术中性条件下，管理要素的产出弹性与劳动要素的产出弹性成正比，与资本要素的产出弹性成反比。利用我国 9 个发达地区 2000～2006 年的面板数据对要素产出弹性理论假说进行检验，其结果表明，由于我国在技术进步中一直主要依靠技术引进和缺乏自主创新，从而使技术进步表现为资本增加型，理论假说前提的偏离导致实证分析结果和理论分析结果不一致。分析表明在不同的工业化发展阶段，可以选择的技术进步方式不同，要素投入的组合方式也不同。

在上述管理、资本和劳动要素的产出弹性关系理论假说的基础上，通过构建自变量包括资本、劳动和管理要素的简单宏观生产模型，经验上利用1970～2006年间美国的时间序列数据和 OECD 七国面板数据，对其分三阶段进行回归，实证结果较好的验证了假说。

最后，讨论了非体现型技术进步（Disembodied Technical Progress）在经济增长中的内生性问题。由于管理要素在经济增长中存在增进效率的作用，分析过程中发现管理要素在技术进步中所实现的部分构成非体现型技术进步的主体部分。在引入管理要素的内生增长模型基础上，分析管理要素在经济增长中的内生特征，着重解释非体现技术进步内生于经济增长的问题。

5. 内生性管理要素对 TFP 理论的拓展：TFP 计量分解

根据非体现性技术进步在增长中的贡献因为引入管理投入变量而可以内生

化的结论，按照丹尼森的论述即管理知识的进展会通过提高全要素生产率作用于经济增长，本章在对我国经济增长中效率贡献争议相关文献评述的基础上，结合我国增长现实，通过对不同 TFP 计算方法的比较，选择了经典的索洛核算法，并放松规模报酬不变的假定，在索洛核算式中加入管理投入变量，用以解释和分解广义技术进步率即全要素生产率。通过把管理要素纳入 TFP 计算框架，进一步计量了我国不同要素投入的增长贡献，结果表明，管理要素有力地分解了索洛余值，管理要素是增长效率的一个重要来源。

6. 长期经济增长和短期经济波动的原因：要素配置视角下的比较

本章根据管理要素的效率形式及产出弹性理论假说模型，分析实体经济的重要支持部分不仅包括劳动，更重要的是企业家才能在其中的作用。通过分析资本—劳动比与经济危机产生的周期性关系，揭示管理要素对于缓解危机产生过程和从危机恢复过程中的作用，从而突出管理要素在生产要素配置中的关键作用。

然后，通过把企业家类型和禀赋引入人均生产函数，利用我国 2003 ~ 2006 年省级面板数据分析我国中小企业家数和大企业家数在人均生产总量中的贡献，结果表明中小企业的人均贡献为 38.5% 低于大企业的人均贡献 61.5%，与中小企业在总量贡献 60% 大于大企业贡献 40% 的结果不一致。分析表明造成这一结果的原因在于中小企业家能力低于大企业家能力而导致中小企业经营管理效率低于大企业。另外，还利用我国 1998 ~ 2002 年大、中、小企业数和工业产值增长率等 30 个省级面板数据，计量分析了三种类型企业对总产值增长率的贡献。实证分析的结果表明中小企业加强管理投入和在管理方面的知识积累，是解决我国经济长期增长稳定和持续性的有效途径。

7. 主要结论和政策建议

本章总结了五个方面的主要结论和政策建议，主要结论分别包括：（一）关于管理要素的经济学涵义；（二）基于管理要素的内生增长数理模型及其启示；（三）管理要素在技术进步中的作用和实现机制；（四）内生性管理要素对分解 TFP 的作用；（五）根据大、中、小企业家数量和各自实现的利润，分析管理投入在中国经济增长中的作用。根据上述理论结论提出相应的政策建议主要包括对管理性知识的积累、提高中小企业家能力、充分发挥劳动潜能和加大管理投入等几个方面。

二、研究方法

主要采用实证研究和规范研究相结合的方法，具体包括以下几个方面：

1. 本书主要运用现代经济学方法和新增长理论对管理要素展开分析。通过对经济增长的现状研究，提出需进一步解决的实践问题即要素使用效率问题，对管理要素的经济学内涵、特征和作用等进行分析。

2. 数理模型分析。通过对新增长理论文献、全要素生产率理论文献、技术进步类型文献和生产要素文献等的综合研究，构建基于管理投入的内生增长模型。

3. 统计与计量分析。根据假设和基于管理投入的内生增长模型，收集能够反映国内外管理要素的数据，并利用面板数据模型和时间序列模型等计量方法对数据进行实证分析。

第四节　可能创新与不足

一、本书把管理要素界定为一种知识性资源，在内生增长框架下论证其报酬递增的特征。同时，把管理要素作为经济增长的一种内生因素，构建一个新的内生增长模型，并根据管理要素的激励功能和配置功能，把生产投入区分为激励型投入和配置型投入，分析劳动努力和企业家激励等因素对长期增长的影响。而且，由于管理要素是效率的一个主要来源，在索洛增长核算中通过补充遗漏的生产要素变量即管理要素，从而力求解释 TFP 的主要部分。

二、在技术进步理论中进一步明确体现型和非体现型的特有内涵，认为非体现型技术进步主要是管理要素作用的结果。在技术中性条件下，在改进的宏观生产函数中，发现了管理要素、资本要素和劳动要素三者之间的产出弹性关系会遵循一个特有的变动规律，即管理要素的产出弹性与劳动要素的产出弹性成正比，与资本要素产出弹性成反比，并用国内外的时序数据和面板数据对其进行实证检验。

三、内生增长理论把技术进步内生化，也仅仅是把体现型的技术进步内生化，而在广义技术进步中，非体现型技术进步始终还是被看做是外生的，本选题通过明确管理要素的作用形式、管理要素在增长中的贡献部分与非体现型技术进步之间的关系，可以进一步证明非体现型技术进步也是内生于经济增长的。通过引入管理要素，利用增长核算法计算 TFP 的结果极大部分地解释了增长剩余。

四、主要不足之处在于对管理要素的定量分析，由于我国所提供的企业家报酬的统计数据很不完整，反映管理要素投入的统计变量在实际中较难找到，管理投入的实证数据只能用近似统计量例如企业利润或盈利水平、企业家数量替代，分析结果只能大体上反映管理要素的贡献。限于研究框架，本书没有把政府宏观管理纳入内生化的详细分析中，论述对象主要是微观企业组织中的管理变量。

第一章

从内生增长因素到全要素生产率——文献综述和理论研究

　　从某种意义上说，经济增长理论演进的过程就是经济学家寻求经济增长动因的过程。从经济增长理论演进的历程可以看出，不同的增长理论关注的增长因素不同，从古典经济学，到新古典经济学，到现代经济学，增长理论实质上在不断地努力找寻经济增长的内生决定因素。20 世纪 80 年代，内生增长理论以罗默（1986）和卢卡斯（1988）的经典文献为标志，自此，经济学家开始从多个方面展开对经济增长内生因素的全面探索，借助于现代数学工具，具有不同内生因素的内生增长模型涌现。从根本上看，这些内生因素和模型的出现，有一个共同的目的，那就是解释全要素生产率（TFP）的来源和构成。在增长核算中，TFP 被泛化为广义技术进步率，因此对 TFP 的解释过程也变为一个不断内生化技术进步的过程。正是循着此思路，本章从内生化生产要素的角度，对内生增长因素做一个文献纵览和回顾。

　　鉴于理论界关于索洛余值即全要素生产率的来源是什么解释乏力的现状，正如《新帕尔格雷夫经济学大辞典》在解释"技术进步"词条时论及，"人们大概不会怀疑有关剩余因素生产率（即索罗余值）争论的价值。它使人们认识到技术进步的起因和影响，促使人们去研究新课题。然而，它从来没有想去回答剩余因素是由什么构成的这种问题，这仍然是一个突出问题。"[①] 因此，本书从全要素生产率对我国经济增长的重要意义出发，围绕着对索洛剩余构成因素问题的回答做出了理论上的梳理和创新尝试。

　　众所周知，管理要素对效率的贡献是显而易见的，如果作为内生经济增长因素把管理要素加入增长模型，一方面可以拓宽内生增长理论中的内生性因素，另一方面又可以为全要素生产率的来源提供一种新的解说。内生增长理论以解释和分解全要素生产率为出发点，力图把技术进步内生化，而理论界一般又把广义技术进步率等同于全要素生产率。但上述三方面理论文献的集中不足

---

　　① 参见《新帕尔格雷夫经济学大辞典》，经济科学出版社，1996 年版，第 670 页。

是遗漏了对作为效率主要来源的变量之一即管理要素的内生性分析，因此，以下理论文献梳理主要从内生增长因素理论、技术进步理论和全要素生产率理论、管理要素相关理论等方面展开。

第一节　内生增长因素理论梳理

在内生增长理论方面，两个最有代表性的集大成的文献分别是1995年巴罗与沙拉·马丁合著的《经济增长》和2003年阿吉翁和豪依特合著的《内生增长理论》。1995年巴罗与沙拉·马丁的《经济增长》系统介绍了1950～1990年代关于经济增长的主要研究成果，强调经济增长理论的经验应用以及理论假设与数据间的关系，并主要关注 AK 模型和趋同问题。而2003年阿吉翁和豪依特合著的《内生增长理论》，在内容上更全面，研究方法更富有创新性，阿吉翁和豪依特在熊彼特提出的"创造性毁灭"的理论基础上进一步发展，对内生增长理论的整个领域进行了全面介绍。以下部分从生产要素内生化过程的角度对内生增长因素理论做一简要梳理。

一、新古典增长理论中的内生化因素

经济增长最初的内生化因素出现在新古典增长模型中。左大培、杨春学（2007）认为索洛和斯旺各自于1956年提出的经济增长理论模型被看做是迈出了增长模型中外生变量内生化的第一步。索洛模型在给定人们掌握的技术水平下，总量生产函数中资本、劳动和总产出之间的比例关系变成了增长模型的内生变量，目的是为了消除哈罗德—多马模型中长期均衡增长的"刀刃"特征。

索洛—斯旺增长模型主要从资本系数的可变性出发，通过可变的资本系数而在经济增长率和不变储蓄率之间寻找保证经济均衡增长的条件。由于索洛模型所使用的新古典生产函数中，给定人们掌握的技术，资本可以替代劳动，增加资本减少劳动可以保持产量不变，这使人们掌握的技术不变时劳动生产率仍然可以提高。因此，在给定人们掌握的技术条件下把劳动生产率内生化了。索洛模型通过资本与劳动之间可以替代的假设使经济增长具有稳定性，解决了哈罗德—多马模型的"刀刃"问题。但索洛模型本身的不足是它不能在没有外生给定的技术进步时产生人均产出的长期增长，而且模型中的储蓄率也是外生给定的，并非由个人的动态最优化行为内生地决定。但即便有着不足，索洛模型还是为此后的经济增长理论模型研究确立了基本的准则，成了现代经济增长

理论模型的基准。索洛（1957）在上述索洛模型的基础上，利用美国数据进行了定量分析，增长核算的结果是产生了一个对总量增长贡献 80% 以上的外生因素，即索洛余值，后来被称为"广义的技术进步"，也被称作全要素生产率（TFP）。这被后来的经济增长理论广为关注。

二、储蓄率的内生化过程

在新古典框架下，将储蓄率内生化是对索洛模型的一种改进。通过家庭有关消费和消费—储蓄之间关系的最优决策，模型内生地决定储蓄水平。这类模型主要以无限期界模型即 R－C－K 模型和戴蒙德的世代交叠模型为代表。拉姆齐—卡斯—库普曼斯增长模型，在上述新古典生产函数条件下，假定在封闭且不存在政府部门的经济中，资本积累方程为：$\dot{k} = f(k) - c - (n + g + \delta)k$，其中 n 和 g 都是外生给定的人口增长率和技术进步率，δ 是资本折旧率。于是，最优储蓄水平的决定就转化为最优消费水平的确定，而最优消费水平则是根据家庭最优消费决策由模型内生地决定的。每个家庭的最大化总效用由下式表示：

$$U = \int_0^\infty u(c(t)) \cdot e^{nt} \cdot e^{-\rho t} dt \tag{1.1}$$

$$s.\ t.\ \dot{k} = f(k) - c - (n + g + \delta)k \tag{1.2}$$

其中的参数 ρ 为个人主观贴现率。该动态最优化问题的现值汉密尔顿函数是：

$$H = e^{-(\rho - n)t} \cdot u(c(t)) + \lambda(t) \cdot [f(k) - c - (n + g + \delta)k] \tag{1.3}$$

通过求解这一现值汉密尔顿函数的三个一阶条件，可得消费 c 的最优动态路径，为：

$\dfrac{\dot{c}}{c} = \theta\left[r - \rho - \dfrac{1}{\theta}g\right]$，其中 θ 为跨时期消费的替代弹性，等于消费的边际效用弹性的负倒数。而且，在完全竞争市场上，企业为了实现利润最大化，必须使得资本的边际产品等于资本的边际收益，即 $f'(k) = r + \delta$。由此，可以推导出消费 C 的最优动态路径，而约束条件 $\dot{k} = f(k) - c - (n + g + \delta)k$ 把资本的动态变化表示成消费、资本和其他参数的函数，根据消费的最优动态路径可以确定各期最优消费水平，然后就可以确定资本的最优动态路径，即解决了储蓄率内生化问题。

拉姆齐—卡斯—库普曼斯增长模型将跨期最优消费行为纳入索洛的经济增

长模型，不仅使新古典经济增长模型得以完善，而且为以后的所有经济增长理论模型确立了一个准则：即一个完整的经济增长理论模型必须用最优化行为分析决定每个时点上的资源配置比例。

三、内生增长框架下的内生增长因素之一：知识要素

作为内生增长理论开山代表作的罗默（1986）的模型采用了知识的外溢与收益递增相结合的分析框架来说明长期经济增长。罗默的知识驱动模型包括三个部门：（1）研究部门运用人力资本和总知识存量来对新产品进行设计，一个厂商生产的新知识可以为所有其他研究厂商免费利用，因此知识对于研究厂商而言具有非排他性；（2）中间产品部门向研究厂商购买生产新产品的专利权，利用新产品设计和其他投入品生产出中间产品，新知识对于中间产品厂商具有排他性；（3）最终产品部门利用中间产品、人力资本和劳动生产消费品。

1. 罗默模型的假设条件。为了说明经济增长，罗默模型假定：（1）新知识是研究部门的产品，新知识给研究厂商带来递减收益；（2）由于知识不能得到完全的专利保护或保密，因此单个厂商生产的新知识具有正的外部性，新知识的出现使整个社会都从中得益；（3）由于存在知识的内部效应和外部效应，消费品生产是知识的收益递增函数；（4）由于知识具有溢出效应，可以假定所有的厂商都是价格接受者，从而可以采用完全竞争的分析框架考察经济增长过程。

罗默模型对知识的论述主要集中于新知识生产是如何产生递增收益的。罗默认为，多数学者证明了以专业化和劳动分工为基础的收益递增是存在的，这些在生产组织上的变化不能够严格地当作技术的外部性。增加专业化正式地打开了一个新市场和引入新商品，在产业中的所有生产者可以从这些商品的引入中获益，但他们是商品，而不是技术的外部性。

罗默认为与物质资本可以由已有的产出生产出来不同，新知识被假定是由递减收益作用的研究技术的产品，即是说，给定一定时点上的知识存量，双倍投入于研究不会带来双倍数量的新知识产出。另外，投资于知识有一个自然的外部性。新知识被一个公司所创造被假定对其他公司可能的生产有一个正的外部影响，因为知识不可能完全专利化或保密。更重要的是，消费品的生产作为知识存量和其他投入的一个函数，表现出了递增的收益，简言之，知识可能有一个递增的边际产品。

2. 罗默模型的基本方程。罗默假定代表性厂商的生产函数是私有知识 k，

社会知识总水平 K 和其他投入 x 的函数。假定除知识外其他投入包括物质资本和劳动不变，$x = \bar{x}$，厂商的生产函数可以表示为：

$$y = f(k,K) = F(k,K,\bar{x}) \tag{1.4}$$

其中 F 是关于 k 和 x 的规模收益不变函数，是关于 k 和 K 的收益递增函数。在罗默模型中，知识总水平 K 对产出的贡献衡量了技术的外部性，因此私人厂商在进行投资决策时，不考虑 K 的变化，即把知识总水平 $K(t)$ 看成是给定的；而社会计划者在进行投资决策时将考虑 K 的变化对产出的影响，对社会计划者来说，知识总水平是各个厂商知识持有量的总和，$K = sk$。私人厂商的知识增长率的约束条件，是指用于生产知识的投资量 I 与知识产量 $\dot{k}$ 的函数关系，私人厂商知识持有量的增长率是私人厂商投资与私人厂商知识持有量的比率的函数，这一函数关系可以表示为：

$$\frac{\dot{k}}{k} = g\left(\frac{I}{k}\right) \tag{1.5}$$

其中 g 是具有上界 α 的增函数，$g(0) = 0$，$g'(x) > 0$，$g''(x) < 0$，它表明研究部门生产知识的收益递减。在此条件下，人为（artificial）计划问题 P_∞（K）和社会计划问题 PS_∞ 可以分别表示为：

社会计划问题：

$$PS_\infty : \max \int_0^\infty u(c(t)) e^{-\delta t} dt \tag{1.6}$$

$$s.t. \quad \frac{\dot{k}}{k} = g\left(\frac{I}{k}\right) = g\left(\frac{f(k,sk) - c}{k}\right) \tag{1.7}$$

认为计划问题：

$$P_\infty(K) : \max \int_0^\infty u(c(t)) e^{-\delta t} dt \tag{1.8}$$

$$s.t. \quad \frac{\dot{k}}{k} = g\left(\frac{I}{k}\right) = g\left(\frac{f(k,K) - c}{k}\right) \tag{1.9}$$

其中，对单一消费品偏好是加法可分的贴现形式，即 $\int_0^\infty u(c(t)) e^{-\delta t} dt$，$\delta > 0$ 为时间偏好率（即主观贴现率）。假定企业的私有知识增长率 $\dot{k}$ 以函数 $G(\cdot)$ 变动，即 $\dot{k} = G(I,k)$，其中 I 为放弃消费而投入研究的量，k 为企业私有知识的现有存量，假定 G 是凹且一阶齐次函数，因此增长率方程可写做 $\frac{\dot{k}}{k} = g(I/k)$，$g(y) = G(y,1)$，且假定 g 有上界为 a，并表明研究的收益递减。$y = f(\cdot)$ 是厂商的生产函数。

罗默说明了这两个问题解的存在性和特征，并认为，一般情况下，竞争均衡与社会最优是不一致的，竞争均衡是一种社会次优，这是因为任何竞争性厂商将 $K(t)$ 和价格看作既定，知识的私人边际产品为 $\frac{\partial}{\partial k} f(k, K)$；而对于社会计划者来说，知识的社会边际产品即为 $\frac{\partial}{\partial k} f(k, K) + s \cdot \frac{\partial}{\partial k} f(k, K)$。由于知识的私人边际产品小于知识的社会边际产品，结果知识生产者将选择一个低于社会最优水平的知识产量，这将导致竞争性均衡增长率小于社会最优增长率。

3. 罗默模型的基本结论。罗默对政府干预持赞同态度。他认为，由于竞争性均衡时的研究水平太低而消费水平太高，政府可以通过干预经济诱使一部分生产要素从消费品生产部门流向研究部门，使经济实现帕累托改善。当政府选择的税收和补贴使知识的税后私人边际产品等于知识的社会边际产品时，经济就达到帕累托最优状态。在一次总付税制下，政府可以选择的补贴形式包括：对厂商的知识持有量 k 提供补贴、对厂商生产的知识提供补贴、或在对知识生产提供补贴的同时向除知识之外的其他生产要素课税。

罗默（1990）还构造了一个用知识积累和人力资本积累说明经济增长的模型。罗默认为，技术进步和人力资本投资二者共同决定了经济增长，技术或知识作为一种商品既不同于通常的竞争性物品，也有别于公共产品。非竞争性和部分排他性二者共同体现了技术的特征。技术的非竞争性表现在：一个厂商或个人对技术的使用并不阻碍他人同时使用该技术，技术的复制成本可以视为零。技术的部分排他性保证了研究厂商可以从技术创新中受益。罗默将人力资本定义为对正规教育和在职培训的累积效应的测量。这个定义比卢卡斯等人的人力资本概念窄些，从而将人力资本和知识区别开来。

罗默在后来的研究中进一步阐述了他的内生增长理论的内涵和关注的重点。在世界银行发展经济学年会上，Romer（1992）进一步把上述思想运用到发展中国家和地区的发展战略的研究中，并认为：能否提供和使用更多的创意或知识品，将直接关系到一国或地区经济能否保持长期增长。例如，毛里求斯（Mauritius）在 20 世纪 70 年代和 80 年代实现了开放政策，吸引了香港的企业家把新思想和知识品运用到那里，从而带动了该国经济发展，摆脱了赤贫状况。中国台湾则通过政府的积极作用，成功地激发本地人民创造新知识品并出口创汇。

Romer（1994）则强调，应关注私人研究的税收补贴，研究合营企业免于反托拉斯法约束，跨国企业活动，政府收入的效应，贸易政策和创新之间的反馈，知识产权保护的范围，私人企业与大学之间的联系，选择公共资助的研究领域的机制，以及明显的政府导向的资助的研究领域的机制，以及明显的政府导向的技术政策，成本和收益等制度安排和政策的增长效应，而最重要的则应关注，"在类似菲律宾这样的发展中国家，什么是获取世界其余国家所有的知识的最佳制度安排，在类似美国这样的国家，什么是鼓励新知识生产和使用的最佳制度安排"。

4. 内生增长因素之二：新产品的品种和质量

将新产品内生化的内生增长模型主要包括格罗斯曼和赫尔普曼的消费品品种增加型技术进步和阿吉翁—豪伊特的产品品种质量升级模型。

Grossman 和 Helpman（1991）考察了消费品品种增加型技术进步。Grossman 和 Helpman（1991）遵循罗默（1990）的思路，区分了知识的两方面用途：其一，研究产生关于新产品的设计，创新者对其设计拥有垄断权；其二，新设计提高了经济的一般知识水平，从而便利了以后的发明和创新，创新者不能获取这部分由知识存量增加所带来的收益。因而知识具有一种正的外部性。

Grossman 和 Helpman（1991）研究得出，经济增长率与一国的经济规模、研究部门的生产率水平、家庭的储蓄决策以及产品差异程度有关。一国的经济规模越大、研究生产率越高、储蓄率越高、产品差异程度越大，则技术进步率和经济增长率越高。

Aghion 和 Howitt（1992）分析了技术进步对整个经济产生影响的情形。Aghion 和 Howitt 认为，经济的动态均衡不仅可能表现为平衡增长路径，也可能表现为非增长陷阱，这时私人厂商对未来时期创新密度过高的预期将导致厂商根本不从事创新。阿吉翁和豪伊特还认为，研究生产率的提高并不必然导致经济增长率的提高。由于创新具有破坏效应，较高的研究生产率将使其他研究产品遭淘汰的危险加大，从而有可能削弱整个社会的研究努力，导致经济增长率的降低。与产品品种增加型增长模型一样，质量升级型增长模型也是在垄断竞争假设下考察经济增长的决定。这类模型所蕴含的核心思想也是与前者一致的，二者都认为技术进步是经济增长的唯一源泉。两类模型的差别只在于技术进步表现形式的不同。质量升级型增长模型假定技术进步体现为产品质量的不断提高，而产品品种增加型增长模型则假定技术进步表现为中间产品或消费品种类的增加。

Aghion 和 Howitt（1992）模型较好地体现了熊彼特的创造性破坏思想。在这一模型中，经济周期与经济增长是不可分的，二者都是创新的结果，反映了技术进步的不同侧面。当经济处于平衡增长路径时，研究生产率提高并不必然导致经济增长率提高。经济的均衡增长率可能低于也可能高于社会最优增长率。在阿吉翁—豪伊特模型中，适宜性效应和跨时溢出效应的作用是使均衡增长率低于最优增长率，商业偷窃效应和垄断扭曲效应则使均衡增长率高于最优增长率。经济均衡增长率是低于还是高于最优增长率要看这两股相反力量哪一方占优势。

5. 内生增长因素之三：人力资本积累

Lucas（1988）强调人力资本积累是经济增长重要源泉，他构建的模型是一个两部门模型。经济中被假定存在两个生产技术不同的部门，一是消费品和物质资本部门，二是人力资本部门即教育部门。物质资本部门利用物质资本、人力资本和劳动生产消费品和物质资本品；教育部门则利用人力资本和劳动生产人力资本品。

在卢卡斯模型中，人力资本是增长的发动机。卢卡斯借鉴了舒尔茨、贝克尔等人的人力资本概念，将"人力资本"定义为个人的一般技术水平，一个拥有 $h(t)$ 人力资本的工人的生产率相当于两个拥有 $h(t)/2$ 人力资本的工人的生产率。必须指出，卢卡斯这里采用的是广义的人力资本概念，它不仅包括蕴涵于个人体内的知识、技能，还包含了独立于个人之外的知识和技术。根据卢卡斯的人力资本定义，人力资本和简单劳动二者是完全替代品。因此尽管卢卡斯假设劳动力数量不变，由于人力资本起到了完全代替简单劳动的作用，因此卢卡斯模型假定经济中不存在任何实质意义的固定要素。

卢卡斯认为，人力资本既具有内部效应也产生外部效应。人力资本的内部效应是指个人拥有的人力资本可以给他带来收益。人力资本的外部效应是指个人的人力资本有助于提高所有生产要素的生产率，但个人并不因此而获益，因此人力资本的外部效应就是指人力资本所产生的正的外部性。卢卡斯用全社会人力资本的平均水平 h_a 表示人力资本的外部效应。消费品和物质资本的生产取决于物质资本、人力资本和简单劳动等生产要素。

通过引进教育部门的生产函数，卢卡斯模型求解了经济的竞争性均衡增长路径和最优增长路径。由于存在人力资本的外部性，竞争性均衡增长路径不同于最优增长路径，求得社会最优和竞争性均衡时人力资本增长率的差异，为：

$$g_h^* - g_h = \frac{v(\rho - n)}{1 - \beta + v} \qquad (1.10)$$

其中，g_h^* 为社会最优的人力资本增长率，g_h 为竞争均衡时人力资本增长率，由上式可见，两者差异受人力资本外部性 v 和贴现率 ρ 影响。

卢卡斯通过假定存在全经济范围的人力资本溢出，使经济在实现持续增长的同时伴随着资本深化过程。因此在卢卡斯模型中，人力资本的内部效应和外部效应对理解经济的实际增长进程都是重要的。如果经济最初的人力资本和物质资本的水平都很低，则它的均衡（及最优）的人力资本和物质资本水平也将较低，因此穷国可能始终落后于富国。据此卢卡斯认为，他的模型比新古典增长模型更好地解释了收入水平和增长率的国际差异。Lucas（1990）还通过经验研究证明了他的观点。例如，印度人均产出只是美国的 1/15，卢卡斯发现，两国人力资本水平差异（即人力资本的内部效应）和人力资本外部性可以分别解释两国生产率差异的 40% 和 60%。

卢卡斯模型被一些经济学家加以扩展。但是，相当一部分经济学家认为总量生产函数中的物质资本概念本身已经存在严重的测度和加总问题，而人力资本概念则比物质资本更模糊，可测性更差，并且人力资本总量的可加性问题迄今还没有得到充分讨论，但在总体上看，绝大多数经济学家并不否认人力资本对经济增长的重要作用。

6. 内生增长因素之四：劳动分工

最早，Smith（1776）就认为劳动分工是经济增长的主要源泉，同时他也指出分工水平是由市场容量决定的。Young（1928）利用个人的专业化水平、生产链条的长度、生产链条上每个环节的中间产品数来对分工问题进行阐述。Young 据此修正了 Smith（1776）市场容量决定分工的观点，提出了著名的"杨格定理"，即：分工决定分工。也就是说，市场容量决定分工水平，反过来分工水平又决定市场容量。继 Young 的开创性研究之后，分工问题受到了经济学家愈来愈多的关注，研究分工问题文献层出不穷。

Yang 和 Borland（1991）是较有代表性的文献，Yang 和 Borland（1991）沿着 Young（1928）的研究思路，提出了分工水平的不断演进是长期经济增长的微观基础的观点。由于专业化经济的存在，分工水平的不断演进提高了劳动者的生产率，形成了劳动者之间的相互依赖的内生比较优势，从而扩大了市场容量。市场容量的扩大反过来又刺激分工的演进，提高了分工水平，这一过程表现为劳动者生产率提高、收入不断增加和经济的长期增长。Yang 和 Borland

认为规模报酬递增与瓦尔拉斯的完全竞争均衡是相容的。利用分工的演进模式，既可以解释经济增长趋同的现象，也可以解释经济增长趋异的现象。另外，他们的模型能够预见在一定条件下，交易费用在 GDP 中所占比例将会升高。再者，利用这一模型还可以得到一个国家的经济增长速度与这个国家的人口并没有必然联系的结论。但是不足之处在于他们的模型很难用经验数据来检验。尽管如此，从分工角度探讨经济增长的微观基础仍是一项非常值得努力的研究工作。

Becker 和 Murphy（1992）则从社会协调成本出发来研究分与经济增长的关系。他们指出人力资本的积累会促进专业化水平的提高，反之，专业化水平的提高又能够促进人力资本的积累，使人力资本积累的边际收益不发生递减。这样，在长期中，分工水平与经济增长将会相互促进。他们还进一步指出，分工水平并不一定仅仅由市场容量所决定。由于专业化水平的提高会增加企业的产出，同时也带来了协调成本（监督费用、工人间交流费用等）的增加。因此，协调成本同样也是决定社会分工水平的一个重要因素。但是，他们的模型中隐含着一个不容忽视的假设，那就是企业和市场是不可替代的。众所周知，当企业生产的协调成本足够高时，专业化分工就不会在企业里发生了，取而代之的是出现在市场中的分工。显然，企业和市场不可替代的假设是不符合现实的。

7. 内生增长因素之五：人口变动

研究人口如何由经济系统内生决定的文献主要集中讨论两个问题：（1）在一个封闭的国家，全社会的生育率在经济系统中是如何被决定的；（2）在一个开放的世界，劳动力在各个国家之间的流动取决于何种因素等。新增长理论研究展开后不久，巴罗和贝克尔设计了专门的经济增长模型来说明人口的增长率如何决定，将人口的增长率内生化。内生增长理论通过把迁移、生育选择和劳动或闲暇选择分析纳入新古典模型把人口增长内生化。

探讨生育率如何由经济系统内生决定的模型，其一般假设是：对父母亲来说孩子是一种耐用消费品，就像投资耐用消费品一样，父母亲生育子女需要成本，也会取得相应的收益。因此，父母亲通过对子女数量的选择来实现其效用最大化的目标。Becker 和 Barro（1988）、Barro 和 Becker（1989）在新古典经济增长模型的框架中研究了生育率的内生决定，他们假设父母养育子女的成本随着人均资本（物质资本和人力资本）的提高而增加，父母的效用随子女数量增多而增加，但边际效用递减。结论是：随着经济的发展，生育率将逐渐下降。这与现代经济发展现实基本吻合。但由于上述模型是在新古典经济增长理论框架里讨论内生生育率问题，所以在他们的模型中只有借助外生的技术进步，才能使得经济保持长期增长。

Galor 和 Weil（2000）则从不同性别的角度进一步研究了这一问题，他们指出，经济发展过程中人均资本的增加提高了妇女的相对工资，从而就增加了抚育孩子的机会成本，这会使得理性的家庭减少生育孩子的数量，由此使得社会人均资本进一步提高。这一正反馈过程有利于经济的长期增长。

当然，父母亲选择生育孩子的时间安排问题也会影响到整个社会人口的变动。比如说，如果父母亲选择在 20 岁时生育孩子，那么在此后的 40 年，一个家庭将拥有三代人；如果父母亲选择在 30 岁时生育孩子，那么在此后的 30 年，一个家庭将只能拥有两代人，这显然影响了整个社会在一定时期内的总人口。更为重要的一点是，一旦考虑到父母亲选择生育孩子时间安排的问题，就可以使经济学家来进一步改进现有的利用交叠世代理论来研究内生经济增长问题的模型。

8. 内生增长因素之六：政府在经济增长中的作用

政府的作用是解释持久而广泛的人均收入和经济增长率跨国差异的根源之一。如果一个政府是有效率和有仁心的，那么政府支出就会有有益的增长和福利效用；如果政府是自私的，那么就会减少增长和福利。最早提出政府支出增长模型且具有开创性和最具有影响力的模型是巴罗（1990）模型，这类模型也是研究生产性政府支出总量对经济增长影响的理论模型的代表。

Barro 和 Sala-i-Martin（1992）使用 C - D 生产函数，对巴罗（1990）模型做了简化的论述，并且专门说明了生产性政府服务的拥挤问题。Barro 和 Sala-i- Martin（1992）指出，政府可选择最优的税收和生产性支出，刺激个人对公共服务的潜在需要，实现持续的人均消费增长。最优的税收政策依公共服务的特征而定，公共服务可以分为三类：公共提供的私人产品，它是竞争且排他性的公共服务；公共提供的公共产品，它是非竞争和非排他的公共服务；过度消费的公共产品，它是竞争性的且具有某种程度的非排他性。这三类不同的公共服务对增长都具有生产性效应，但各自影响的程度是不同的。

如果公共服务是公共提供的竞争且排他性的私人产品，或公共提供的非竞争且非排他性的公共产品，那么一次性征税就优于收入征税。如果公共服务是竞争性的且有某种程度的非排他性的因过多消费形成拥挤的公共品，如交通设施、法庭以及国防和警察等，收入征税类似使用者付费，因而优于一次性征税。

Barro 和 Sala-i-Martin 求解了分权经济和集权经济中的最优化问题，认为分权经济的竞争性均衡只是一种社会最优，为实现集权经济中的社会福利最大化增长率，分权经济中的政府可以选择使政府购买等于最大化的税率与总产出的乘积（$G = (1 - a) Y$），并且用一次性总付税制代替比例税制从而获得最优的经济增长。Barro 和 Sala-i-Martin 模型把政府支出视为具有生产性的私人投入，从而消除了私人生产函数中私人资本投入的边际收益递减趋势，由此经济可以实现内生增长。该模型在把政府活动内生化方面取得了很大突破，但模型只是分析了政府提供的公共产品及税制对增长的影响，而没有涉及政府活动对于社会人力资本积累及知识生产的影响，这是模型可能存在的不足之处。

9. 内生增长理论中内生化因素的缺陷和可能趋势

经济增长理论模型的内生化进程表现为很多因素都被内生化，哈罗德—多马模型这个最初的现代经济增长理论模型中的四个外生给定的参数即储蓄率、资本—产出比、劳动生产率和人口增长率，都已经变成了经济增长模型中的内生变量，甚至劳动分工和政府支出等变量也已经内生化了。实质上，内生增长理论最重要的贡献就是使技术进步内生化，通过分析技术进步的过程以及技术进步产生的原因来使技术产生于经济系统内部。

总体上说，内生增长理论认为经济可以实现长期增长的原因在于内生要素的报酬递增性，技术、知识、人力资本等的外溢效应和积累性是内生性要素收益递增的核心范畴。基本上经济增长的内生性因素都是通过技术进步这一途径来促进增长的。内生经济增长理论通过技术进步内生化，在要素投入与全要素生产率之间架起了一道桥梁。该理论具有新古典增长理论所不具备的解释力和较强的政策含义，对研究经济持续增长问题具有很好借鉴作用。

但内生增长理论同样也存在缺陷：第一，内生增长理论还没有建立一个统一的比新古典生产函数更为有效的生产函数；第二，在内生增长理论中，要素投入没有受到需求的约束，也没有顾及一个国家的资源禀赋条件，这使得该理论在如何使一个简单劳动力充足的发展中国家现实而平稳地走上可持续增长之路的研究方面，提不出切实可行的对策；第三，该理论忽视了制度因素和管理因素对全要素生产率的作用①。

---

① Weitzman（1998）认为内生增长理论打开了"索洛余值"这个黑箱，给出了技术变化的一个内生解释，然而，这个开启的黑箱中又包含了另一个黑箱，即内生增长理论在强调人力资本和技术知识的同时，忽略了至关重要的制度要素。详见 Weitzman, M. L.，（1998）："Recombination Growth", Quarterly Journal Economics, Vol. cxiii, No. 2, pp. 331～361.

而罗默模型作为新增长理论的开创性工作，不足之处在于其知识收益递增概念是外在于厂商的，因而对于增长理论中的"索洛剩余"黑箱没有给予有力的解释。而且罗默关于知识的一些假定离现实还有一定差距，而知识作为模型的核心内容，他对知识的分析并不充分。上述这些缺陷意味着新经济增长理论还有待发展和完善。

基于内生增长理论的缺陷、内生增长因素的不全面和罗默知识驱动模型的不足，本书认为可以通过引入知识性管理要素来改进内生增长理论模型，进一步解释索洛余值和经济持续稳定增长的源泉。在罗默关于知识积累和外溢效应的理论基础上，从知识性资源的角度，发展一种新的内生性要素即管理要素，力图把报酬递增概念内生化，从而进一步丰富和充实内生增长理论。

第二节　全要素生产率理论文献评述

从全要素生产率看，内生增长理论认为微观主体的趋利行为所导致的知识和人力资本存量的增加，通过溢出效应使得规模收益增加、技术进步得以持续，这种内生的技术进步是经济增长的决定因素。内生增长理论也是以解释和分解全要素生产率作为其目标之一。关于全要素生产率理论，理论界主要集中于 TFP 的测度和分析 TFP 的决定因素等方面。

一、TFP 概念来源和测度方法

Solow（1957）的主要贡献是将经济学的生产理论、拟合生产函数的计量方法与国民生产核算法融为一体，并首次运用了微积分推导。索洛模型继承前人的思路，将总产出增长中无法由劳动投入增长和资本投入增长说明的部分归结为"技术变化"，这在索洛核算中表现为拟合余值，该余值也因此被称为"索洛余值"（Solow Residual）。理论界对索洛余值的正规表述是"全要素生产率"（Total Factor Productivity），简写为"TFP"。可见，全要素生产率即是索洛余值，也是指广义技术进步率。1957 年索洛的研究认为，美国长期人均收入约 80% 归因于技术进步，资本的增加只解释了约 20%。这个结果来源于将产出增长率扣除要素增长率之后的全要素增长率全部归结为技术进步。索洛的这一发现和他的不足之处使很多经济学家对 TFP 的估算进行了进一步研究。

理论界关于 TFP 的争议主要集中于 TFP 测度的对象是什么的问题。即 TFP 测度的是技术进步；还是测度与技术进步有关的因素，如外部性和规模效应等带来的经济效益；或认为测度的是无知的剩余。TFP 增长率的测算方法，从

TFP 产生到发展，主要经历了索洛余值法、超越对数法、随机前沿生产函数法、非参数 Malmquist 生产率指数法等几个阶段。而 Nadiri（1970）认为生产函数法遗漏了重要的变量，如企业家能力和资源。其他指数法也没有把企业家能力等变量纳入测算过程中。但研究这些方法的特点对理解不同具体测算方法之间的联系和区别以及测算结果的精确程度都是必要的。

在发达国家的增长核算分析中，美日等国家在 20 世纪 70 年代中期后 TFP 出现下降，但现实是美国在 20 世纪 80 和 90 年代正是信息产业革命时期，其技术进步的速度并未放缓。美日等国 TFP 增长放缓的现象引起了宏观经济学界的高度重视。有人认为，TFP 方法的结论之所以与现实相左，是因为其在对生产要素的测量上使用了货币加总办法，忽略了要素的异质性及其在质量方面的变化，从而无法衡量技术外溢的影响（Greenwood，1997），于是就低估了实际的技术进步。比如，发达国家某一个设备制造部门的产品有所改进，那么利用此产品的该国其他生产部门，或发展中国家的某些部门均会从中受益。不过，类似于这样的技术进步难以从传统的 TFP 方法中计算。

二、TFP 的决定因素

肯德里克对影响全要素生产率增长的长期因素作出了定性分析。他认为这些因素有：（1）研究与发展支出；（2）教育培训等无形资本的支出；（3）资源配置；（4）技术创新的扩散程度；（5）由技术进步所决定的内部规模的经济性和外部规模的经济性；（6）人力资源的质量和自然资源的丰富程度。

丹尼森则对影响全要素生产率增长的因素进行了划分和定量分析。他在《1929～1969 年美国经济增长的核算》中，把经济增长因素分为生产要素投入的增加和全要素生产率增长两类因素。丹尼森把要素投入因素分为劳动、资本和土地三个因素。关于要素生产率，丹尼森把它看成是产量和投入量之比，它可以分解为资源配置的改善、规模经济和知识进展。具体地说，归结为八个方面：（1）使用的劳动者数量和他们的构成；（2）工作小时，包括劳动者部分工作的时间比重；（3）使用的劳动者的教育程度；（4）资本存量的规模；（5）知识的状态；（6）分配到无效使用中的劳动的比重；（7）市场规模；（8）短期需求压力的格局和强度。

根据丹尼森的计算，按各个因素对总体经济增长贡献的大小顺序，可以排列出如下五个因素（根据 1948～1969 年美国实际年增长率计算）：（1）美国经济增长的最主要因素是"知识进展"（指技术创新和管理、组织的改进），占美国总经济增长的 31%；（2）"完成的工作量"（工作小时、劳动力构成、就业率等）占总增长的29%；（3）资本存量的增长占总增长的15.8%；（4）教育占总增长的14%；（5）资源配置的改进占总增长的8.5%。其中，从知识进展看，其内容是综合性的，既包括技术知识的进展，也包括管理知识的进展。知识进展通过提高全要素生产率作用于经济增长。

在经济增长的源泉和经济发展是否可持续上，一般认为全要素生产率的增长具有重要的作用。美国哈佛大学教授，著名中国经济史学家 Perkins（1988）曾经说过："使中国富裕和强大的关键是提高全要素生产率。" Prescott（1998）指出，实物资本和无形资本的区别不能解释当今世界经济中存在的收入差距现象；储蓄率的差异也只能解释很小的一部分，因此必须使用技术进步、技术效率等全要素生产率概念来解释。而全要素生产率的绩效与一个国家的经济政策等因素密切相关。Hall & Jones（1999）指出，物质资本的集约度和民众受教育程度的提高只解释了不同国家人均产出差异的很小一部分，一个国家长期经济绩效的主要决定因素是社会基础设施（如制度与政府的政策），这些制度和政策为一个国家或者地区的个人和企业提供激励。Easterly & Levine（2003）指出要素积累是持续的，但增长不一定如此，不同国家的增长路径呈现出很大差异。

Krugman（1994）则认为前苏联等共产主义国家高速经济增长实际上是高投入包括就业的增加、教育水平的提高和物质资本的积累和高储蓄率造成的。这种依靠劳动参与率、平均教育水平的提高和物质资本的积累增长长期是不可持续的，因为投资报酬率递减迟早会出现。他指出，经济增长的源泉一方面是投入的增加，另一方面是单位投入产出率的增加，后者可能是好的管理水平和经济政策的结果，但最终归因于知识的进步。只有后者，即全要素生产率，才是经济持续增长的源泉。

三、国内关于 TFP 的实证分析

国内关于全要素生产率的研究是以国外的类似研究方法为基础的。林毅夫（1994）认为1980～1984年中国农业生产的快速增长主要应归功于家庭联产承包责任制的实施。他发现，生产率增长的20%，或者说60%的农业生产增长主要是由于制度变迁造成的。林毅夫、任若恩（2007）通过对有关国内外文献的综述，对全要素生产率方法发展和理论基础的深入分析，以及对一些国家经济增长经验的回顾，认为克鲁格曼挑起的东亚经济增长模式争论的出发点站不住脚，对全要素生产率的意义存在误解，在经济学理论方法方面也存在一些缺陷。

李京文、郑友敬和杨树庄等（1992）运用美国乔根森等人的生产率度量法，采用超越对数生产函数对中国经济增长源做了分解。沈坤荣（1997）综合各种类型生产函数的计量分析结果，在大样本统计检验的可靠基础上，给定资本产出弹性为0.6，劳动产出弹性为0.4，进行了经济增长因素分析和综合要素生产率的测算。易纲等（2003）认为索洛的主要的理论缺陷来源于以资本存量代替资本服务，以资本的存量数据代替资本的流量数据。这种处理方法的误差来自两个方面。首先，新实物资本和旧实物资本的使用效率是不一样的，新实物资本的效率显然高一些。其次，闲置的资本也被统计在资本存量之中，但这部分资本实际上没有参与生产过程，不应该包括在生产函数中的资本使用数据中。由于这两点，必然大大低估资本投入对增长的贡献，从而高估全要素生产率。

邓翔、李建平（2004）在大量数据分析的基础上，对改革开放之后中国的地区经济增长及生产率变动作了细致的估计。涂正革，肖耿（2005）利用中国大中型工业企业1995~2002年期间的年度企业数据，系统地研究了37个两位数工业行业的全要素生产率增长趋势，并用随机前沿生产模型，将生产率增长分解为前沿技术进步、相对前沿技术效率的变化、配置效率以及规模经济性四大因素。郭庆旺、赵志耕和贾俊雪（2005）用非参数DEA-Malmquist指数方法估算中国各省份1979~2003年的全要素生产率增长、效率变化和技术进步率。然后利用核密度估计对此期间中国省份经济的相对劳动生产率、相对全要素生产率和相对技术进步做动态演进分析。王志刚、龚六堂和陈玉宇（（2006）选取超越对数生产函数的随机前沿模型，对改革开放以来中国地区间生产效率演进进行了研究。岳书敬、刘朝明（2006）采用Malmquist指数分析了我国30个省份1996~2003年的全要素生产率增长，并将其分解为技术进步指数和效率变化指数。

王兵、颜鹏飞（2007）运用当期DEA和序列DEA两种方法测度了1960~2004年APEC 17个国家和地区的技术效率、技术进步以及曼奎斯特生产率指数，并且对APEC经济增长的趋同效应进行了实证检验。姚先国等（2007）认为通过索洛的增长核算式可以得到TFP增长率，但是对全要素生产率的变动，我们不能进一步区分它是由技术创新引起的还是由管理方法的改进、要素配置效率的提高等其他因素的变动引起的，并认为这是索洛余值法的一大不足。

在研究方法方面，虽然国内学者对中国要素生产率测算及相关领域做过大量研究，但是缺乏对生产效率水平影响因素的探讨。全要素生产率理论还存在以下不足。一是增长核算将产量增长机械地分解为投入的增长和 TFP 的增长。这种做法并未试着去解释投入的变动和全要素生产率的提高是怎样与偏好、技术、制度变迁和政策、管理投入等产生联系的。二是忽略了自然资源和管理投入等在增长中的重要性。自然资源和管理要素都是生产要素，但是，增长理论都忽视了自然资源和管理要素在生产中的作用。三是按照新古典的生产理论，TFP 应该是仅限于非体现的、外生的、希克斯中性的技术进步。然而，在实践中要得到符合新古典生产理论的、仅限于非体现技术进步的 TFP 是不可能的。因为想要确定要素投入的质量变动在多大程度上被识别是相当困难的，或者根本是不可能的。四是流行的全要素生产率增长的概念，是实际产出与实际有形投入的数量变动之差额。这时，全要素生产率的增长既包含非体现的技术进步，也包含体现的技术进步（与资本质量提高相对应）以及人力资木增长（与劳动力质量提高相对应）和其它不可观测的因素的贡献。

从理论上讲，全要素生产率考虑的投入要素越多，就越全面。然而，如果投入要素的每一项都能考虑进去，则生产率的差别就不复存在了，生产率的分析也就毫无意义了。通过加入各种要素投入，只是分解了一部分全要素生产率的贡献，使索洛剩余的无知部分减小，由此，我们还不能确定要素使用效率提高的真正途径。就像汽车能够加速不是因为基本的配件是否配齐（当然配齐配件是保证加速的基本条件），而在于燃油和汽车发动机及其功率，类似于此，TFP 的提高主要在于技术进步和管理要素对效率的增进。

总之，内生增长因素的发展为人们在考虑全要素生产率影响因素时拓展了分析的视野，为分解广义技术进步的贡献提供了有力的分析工具，但是这一切都局限在物化的技术进步范围内，关于 TFP 的实证分析绝大多数也都仅仅局限在体现型技术进步中。除此之外，非体现型技术进步没有得到有力解释。所以，需要在非体现型技术进步范围内找到全要素生产率的另一个主要来源，这个主要来源之一就是管理要素。因此，在以上关于经济增长源泉论述的基础上，进一步把管理要素作为经济增长的一个重要因素，在内生增长框架下可以对 TFP 进行更有力地解释和分解。

第三节　技术进步类型与形式相关文献简评

实质上，近年关于 TFP 的分析也出现了一些令人迷惑之处，概括为三个方面。其一是关于东亚奇迹的争论。争论的核心是东亚工业化和经济增长到底是源于技术进步，还是源于资本积累。实证分析发现，东亚四小龙的 TFP 并不高，甚至比南亚许多贫困国家还要低。Chow（1993），Kim 和 Lau（1994，1996），Young（1992）认为，东亚经济成长源于要素数量的积累，迟早会因为回报递减而停滞。Hsieh（1999），Felipe 和 McCombie（1998）等学者则反对此类看法，强调 TFP 方法所测量的中性技术进步只是理论假设，如何考虑有偏技术进步才是研究东亚问题的关键。其二，同样的问题也出现在对发达国家的增长核算分析中，即美日等国在 20 世纪 70 年代中期后全要素生产率出现下降。但从直觉上看，发达国家技术进步的速度并未放缓，尤其是信息技术。这就是说，20 世纪 80 和 90 年代正值美国信息产业革命期间，为什么 TFP 的增长率反而放缓？其三，在关于跨国制造业 TFP 增长收敛的分析中，发现 TFP 较快上升时，收入却不一定上升。以上三方面的悖论反映了技术进步的实证分析存在严重缺陷。

　　一般地，人们认为生产率的提高等于中性的技术进步加隐含在设备投资中的技术进步（资本体现型），于是增长率分解为"投入要素数量的增长率 + 投入要素质量的增长率 + 中性技术进步率"，其中中性技术进步率即是不可测度的要素的贡献率，即非体现型的技术进步。由于测量要素质量比较困难，文献中往往测量劳动力的质量（人力资本），而忽视了资本的质量。总之，有关技术进步测度和实现机制的探讨中，如何确定技术进步的有偏性或中性特征、及技术进步类型是经常论争的核心，也是技术进步实证分析存在严重缺陷的主要根源。

　　关于技术进步类型，Solow（1957）首次提出了测度技术进步贡献的方法，即索洛残值法，索洛（1959）又提出了一个测度资本体现型技术进步的模型。Phelps（1962）考虑到非体现型技术进步和资本体现型技术进步常常是同时出现的，提出了一个包含这两者的模型。Intriligator（1965）认为 Solow 和 Phelps 的模型都没有考虑随着科学技术发展，劳动力质量也在不断提高，同一单位劳动力投入的生产率是逐年提高的，因此技术进步可能是劳动体现型的。于是 Intriligator 提出了一个能同时估计出资本体现型、劳动体现型和非体现型三种类型技术进步率的模型。索洛和纳尔逊（1964）从 C – D 生产函数模型出发，提出了索洛—纳尔逊同期模型，进一步分解了资本体现型技术进步和非体现型技术进步对增长的贡献。

　　在此基础上，李子奈、鲁传一（2002）认为广义技术进步与劳动、资本一起构成了经济增长的三要素，而广义技术进步又可以分为技术创新和管理创新两方面。因此，广义技术进步对经济增长的贡献是经济增长中除去资本和劳动的贡献后的剩余；而管理创新的贡献是广义技术进步总贡献减去技术创新贡献后的剩余。李子奈、鲁传一（2002）按照这个思路分解了资本体现型技术进步、劳动体现型技术进步、制度和管理创新在经济增长中的贡献。

关于体现型技术进步和非体现型技术进步，一般认为体现型技术进步（Embodied Technical change）是在它能对经济的产出增长率起作用之前，它必须在物质上已经包括在新生产出来的资本品之中，或者同新训练和教育出来的工人结合在一起。而非体现型技术进步（Disembodied Technical Change）是指在没有任何新投资的情况下，即假定资本存量是完全同质的，利用不变的投入生产出更多的产出，例如，组织改进这样的技术进步就是一种不体现的技术进步，因为不必体现于新生产出来的资本品或新训练、教育出来的工人之上，它就产生利益。只要是属于不体现的技术进步，在理论上就有可能假定劳动力是同质的，因为不管年龄、训练程度和教育状况如何，技术进步将使一切工人的生产率都同比例地受益。经常涉及的中性技术进步概念主要包括希克斯的中性技术进步、哈罗德中性技术进步和索洛中性技术进步。

国内关于技术进步的实证文献很多。例如，涂正革、肖耿（2005）用随机前沿生产模型，将生产率增长分解为前沿技术进步（FTP）、相对前沿技术效率（TE）的变化、配置效率（AE）以及规模经济性（SE）四大因素。周勤等（2008）的研究表明，我国行业技术发展程度呈现两头大中间小形状，技术发展程度处于中间水平的行业较少，这说明我国行业技术的积累水平很低，尤其是对近一两百年来工业技术的积累远远不够。黄先海、徐圣（2009）在讨论衡量技术进步的指标时，认为目前文献并没有一个专门衡量劳动节约型技术进步的指标，往往只是利用代理变量来衡量劳动节约型技术进步的大小。国内关于技术进步的实证文献还有寇宗来（2009）；刘伟、蔡志洲（2008）；李平、随洪光（2008）；付强（2008）；冉光和、曹跃群（2007）；颜鹏飞、王兵（2004）；刘明兴、陶然、章奇（2003）等等，这里不一一列举。但很多国内文献都没有涉及对非体现型技术进步的分析。

对于技术进步文献，Felipe（1997）提出了批判，他认为技术进步的外部性意味着技术进步被"叠加"在系统上，即假定随着时间的推移而增长并且由所考虑的经济系统以外的因素决定。非体现的技术进步是一种外部性技术进步，这种技术进步不需要新投入，生产函数形式并不随时间改变而改变。希克斯中性意味着增长路径上，技术替代率独立于时间，即对于给定的一个要素价格比率，技术进步不会影响资本投入和劳动力投入之间的比值。在上述假设条件下，技术进步被认为是公共物品，获得知识被假定是没有成本的和瞬时的，技术进步不依赖劳动力投入和投资。

实质上，内生增长理论在把技术进步内生化的过程中，也仅仅是把体现型技术进步内生化，技术进步内生化的不足主要在于没有找到一个因素可以解释非体现型技术进步部分，非体现型技术进步仍然是一个外生变量，然而非体现型技术进步在增长中的贡献非常重要。已有理论已经把组织形式的改进等当作一种非体现型的技术进步，实质上组织形式的改进和企业家能力的发挥都是非体现型技术进步的主体内容，管理投入过程本身就是一种技术进步实现机制，按照技术中性的思路，在把组织形式改进和企业家能力发挥都纳入管理要素投入的视角下，非体现型技术进步也可以内生化。

第四节 管理要素相关理论回顾

从管理理论丛林中，发现可以把管理的主要问题简要地归纳为企业家的导向功能和激励功能的发挥，企业家的活动和行为构成管理要素的核心。管理要素相关的一些论述都可以集中到有关企业家这个概念的论述上来。从最早论述企业家的法国经济学家康替龙（Cantillon）认为企业家就是在市场中充分利用未被他人认识的获利机会成就一番事业的人。到萨伊（Say，1803）提出企业家就是"将经济资源从生产力和产出较低的领域转移到较高领域"并获得较大收益的人。换言之，企业家就是利用创新方法使用资源，以使生产力及效用最大化的人。而著名经济学家马歇尔在 19 世纪末提出了第四生产要素，即"组织"要素。马歇尔所说的"组织"，需要"具有自己行业中的物的透彻知识，必须具有预测生产和消费的广泛变动的能力，以及具有知道哪里有供给新商品以满足实际欲望的机会、或是哪里有改进旧商品的生产计划的机会之能力。……必须能谨慎地判断，大胆地承担风险……必须了解他的行业中所用的原料和机械。"可见，马歇尔在这里所说的"组织"，也就是指"运用资本的经营才能"，即管理要素。

在这样一个关于管理要素的认识过程中，理论学家对企业家的论述颇为丰富和详尽。在此基础上，Baumol（1990）认为企业家充当大量的角色，在很多角色中企业家的努力可以重新配置，而且某些角色并不是建设性和创新性的。

甚至在某些时刻，企业家是对一个经济有害的寄生虫。他从古罗马、古代中国、中世纪以及文艺复兴的欧洲等世界历史的事实观察中得出并考察了三个命题：其一，决定不同企业家活动的相对报酬的游戏规则在不同的时间和不同地点的确变化显著；其二，企业家的行为依照游戏规则的变化来塑造经济变化的方向；其三，企业家精神在生产性和非生产性活动之间的配置对经济中的技术创新以及创新的扩散程度有深刻的影响。这一分析为技术创新水平以及 R&D 投入水平的跨国差异提供了一个合理的解释。

Kirzner（1999）对企业家的定义是对营利机会或商机的"敏锐发现"，他认为行为人首先必须发现"营利"机会，然后才能进行交易，也就是说必须考虑企业家的发现过程对均衡形成的作用。企业的产生首先是企业家主观远见的产物，是企业家对利润机会成功策划的结果，是一个依赖于持续的企业家发现过程中有意识、有计划的社会秩序的组织。从这一意义上讲，企业是市场过程或企业家精神的产物，它的出现独立于对交易成本的任何考虑。

关于企业家人力资本，张小蒂、赵榄（2009）认为企业家人力资本的禀赋突出地表现为对生产活动中隐含经验类知识的掌握。这些隐含经验类知识可以帮助企业家更好地组织和管理企业，并对来自全球范围内各类生产要素进行创造性的新组合，从而在整体上提升企业基于一揽子要素优化配置的"干中学"效率及经济增长效率。关于管理行为，鲁传一、李子奈（2003）认为管理行为一般包括两种情况。一种是一般性的管理行为，是在现有生产技术和管理技术条件下，组织资本、劳动力等要素进行生产、销售等生产经营活动。另一种是创新性管理行为，即不断优化各种资源的配置、提高管理技术，并在已提高的管理技术条件下组织资本、劳动等生产要素进行生产经营活动。认为在企业家的管理活动中，单纯的一般性管理行为极为少见，往往都是创新式管理。

庄子银（2005）继承了 Schumpeter 关于企业家精神是一种重要的生产要素的思想，强调企业家精神而不是资本主义精神才是长期经济增长的真正源泉。强调企业家精神的核心是持续技术创新和模仿，企业家是风险的承担者，是长期经济增长的微观组织机制。认为在长期，具有强烈企业家精神的经济比企业家精神微弱的经济有更高的经济增长率和人均收入，这不仅解释了经济增长的源泉，而且解释了跨国间人均收入的差距。

庄子银（2007）进一步扩展了熊彼特关于企业家精神的思想，把企业家活动的配置引入内生技术创新模式，强调企业家不仅从事生产性的创新活动，而且从事非生产性的寻租、逃税、腐败，甚至犯罪活动。因此一国经济中人力资本的配置（或者说是生产性与非生产性企业家的比例）就决定了一个经济的R&D投入水平，以及技术水平和经济增长率的跨国差距。一国从事生产性创新活动的企业家数量越多，则该国R&D投入水平就越高，从而技术创新水平和经济增长率就越高。

云鹤、舒元（2008）认为在企业家得以生成的创业型企业中，可以把物质资本、仅指体能的人力资产以及技能水平集结为一个"财富"要素，把进行组织管理的经营才能简化为"才干"要素，把创业型企业中的核心部分，即有关技术创新或制度创新的市场发现能力称为"创意"要素。并认为，一位完整的企业家应同时具备市场发现的眼光和组织管理的才干，也就是说，企业家应该拥有"创意"和"才干"两项素质。

从上述有关企业家的经典论断中可以看出，经济增长中作为管理元素起作用的主体即是企业家。企业家通过认识市场中的获利机会，将经济资源进行重新配置，以便生产力和产出效率得到提高，并获得最大化的收益。在这个过程中企业家可能会行使组织、决策、"企业家警觉"、"企业家判断"、创新和组织高度化等等职能，但这一切都可以看做是企业家才能的发挥过程。而构成企业家才能的核心和主体要素则是企业家所拥有的知识。因此，企业家能力在主流经济理论中往往被看做管理要素本身。

关于管理要素的配置效应，葛虹、冯英浚（2008）认为生产单元的管理有效性具体体现在优化配置所有参与生产过程的物质资源和人力资源，并适时调整生产规模。他们认为利用等效益面生产函数可将一个生产单元的经济增长分解为投入要素的贡献、技术进步和管理效应三者的贡献，其中管理贡献反映的是技术效率的改善，其本质就是偏要素生产率的变化和规模效应即资源配置效率。

关于管理要素的激励对劳动力努力程度的作用，毕泗锋（2008）构建了一个引入管理者要素的企业生产模型，认为由于劳动合同的不完全，报酬可以事先约定好，但其真实的劳动付出却是变化的。假设生产者直接参与生产过程，但其劳动付出是随着努力程度而变化的，而管理者则通过影响生产者的努力程度间接参与生产，因此，生产者努力函数居于关键位置。管理者的一个重要任务是通过监督控制生产者的努力程度。然而，理论界并没有把管理要素的激励功能和配置功能综合在一起考虑，即使是单独分析管理要素的激励作用或配置作用的理论文献也比较少见。

管理要素对于增长的重要贡献，受到国内外很多研究者的关注。聂锐（2001）分析了管理在经济增长中的作用和管理的经济学含义，论证了管理对其他生产要素具有协同放大效应，是经济持续增长的关键因素，并认为研究这一问题的难点在于管理贡献的评价没有传统经济指标系统，没有不变的公式或函数可用于将管理生产的投入转化为管理的产出，管理的创造使其不一定是管理存量的净增量，因为管理具有时效性和适应性等方面。冯英浚、马魁东、孙剑飞（2003）则把管理看作为促使效益提高的一种组织行为，基于等效益面生产函数提出了一种测算管理在经济增长中贡献率的方法。马魁东、冯英浚（2004）还利用等效益面生产函数建立测算经济增长中管理贡献率的方法和系统平均值的求法，并对我国"九五"期间国民经济增长中的管理贡献率进行测算。测算结果表明在同样投入资金、人员和技术设备的情况下，提高管理方法和层次，有效调整它们的组合，可以产生更大的经济效益。

相关实证分析中，理论界还用了另外一些替代变量测定企业家活动对经济增长贡献，这些替代变量主要有自我雇佣比率、所有权比率、企业的进入和退出比率、小企业所占市场份额和市场参与创业人数等。例如，Audretsch，Carree，van Stel 和 Thurik（2002）与 Carree，van Stel，Thurik 和 Wennekers（2002）等人采用所有权比率来反映企业家行为的活跃程度。其中企业所有权比率是指企业的所有者人数占所有劳动力人数的比率。Caves（1998），Geroski（1994），Yu（1997）将企业的进入和退出比率作为企业家精神一个重要的测定标准。他们的研究表明企业的进入和退出导致了行业的波动，小企业的企业进入和创新行为推动市场结构趋向于分散化，最终促进生产率的提高。Yu（1997）通过每万人拥有的企业数目、企业的进入比率、企业的退出比率比较了香港和美国的企业家活动程度对经济的影响。Audretsch 和 Thurik（2001）以小企业所占份额来测定企业家精神的活跃程度，他们从一个国家角度探讨了企业家精神对经济增长的作用，并发展了 Romer（1986）和 Krugaman 等人的内生增长理论，提出了企业家精神通过知识的扩散推动经济增长的机制。在实证分析上，Audretsch 和 Thurik 用了两个指标分别来衡量企业家精神，一个是小企业在市场中的相对份额，一个是自我雇佣比率。可见，用企业数替代企业家数，用表示企业家经营好坏的人均利润水平替代管理投入或企业家能力在实证分析中也是可以尝试的做法。

鲍莫尔教授（2008）强调企业家才能在任何社会都存在，一个经济体能否取得很好的增长，关键在于企业家才能是配置到生产性活动上面，还是配置到寻租等非生产性活动（这类活动有时是破坏性的）上面。鲍莫尔特别指出企业家才能的配置方向，取决于一个社会通行的游戏规则即占据主导地位的制度，以及由该规则所决定的报酬结构。按照鲍莫尔教授等的看法，最能够实现经济长期增长的是一种企业家型经济体制和大企业型经济体制的混合体，因为这种形态的经济体制最有利于技术进步，最有利于新技术的商业化。Acs 等（2009）发展了一个企业家活动的知识溢出理论，以改进内生增长模型的微观基础，即知识的创造扩大了技术的机会，把知识溢出效应看做是企业家机会的源泉。认为带有新经济知识的代理人内生地追求对知识的利用，隐含着已有的知识存量会产生溢出，这更加突出知识溢出和企业家行为之间显著的相关性。

由上可见，理论学家们已经认识到了管理、制度、结构等因素对经济增长的影响，特别是管理要素，自新古典经济学理论把管理要素当作第四种生产要素提出以来，很多学者都认同管理要素在生产中的地位，甚至分化和演绎成理论流派纷争的管理学。然而，由于管理要素的不确定性和难于经济计量，对管理要素的分析仅仅局限在对其行为方式和经验技能的总结上，经济学中各种模型也把管理要素置于分析框架之外。实质上，受动态最优化数学方法等分析手段的限制，内生经济增长理论的视野受到了严重局限，内生增长理论并没有分析管理要素。由于内生增长理论并没有把带来生产效率的主要因素即管理要素加以考虑，即使加进了很多因素构建了很多内生增长模型，对索洛剩余也即TFP 的解释仍显过于细枝末节，这就造成了内生增长理论模型云起，结果各种模型大量存在却又无法统一。

现有实证分析理论中可以对增长核算中效率来源提供解释的变量仅局限于人力资本、教育和研发投入（教育和研发投入生产出知识）等方面，因此很多内生模型并没有对分解生产效率来源的实证分析提供很有效的帮助，内生增长理论对实证分析中技术进步率的分解很大程度上还是在罗默的知识溢出和卢卡斯的人力资本理论框架下进行的。

实质上，作为管理要素核心内容的企业家，由于其自身在经济活动中的特殊性，必然更清楚技术进步对于经济增长的作用，由于企业家是企业剩余的所有者，利润最大化的动机将促使企业家把企业剩余用于技术进步的实现过程，并不断改善组织形式和发挥企业家才能，以便新技术在企业中最优地使用，从而提高要素的产出效率，获取更大的剩余。因此，从技术进步的实现过程来看，管理要素投入是技术进步实现的一种机制。企业家获得企业剩余，出于对利润最大化的追求，企业家会把剩余用于创新和改善生产方式上来，从而使企业生产效率提高。效率的提高直接带来剩余的增加，从而又有更多投入用于创新、知识的积累和生产方式的改进，最终获得技术进步。从这个意义上说，可以把管理要素作为经济增长的一种内生性要素，从而为经济增长的内生模式寻求一种动力机制。

理论界关于管理要素的论述主要集中于分析管理在国民经济增长中的作用以及管理中企业家能力的作用方式，一定程度上也突出了管理对于生产率变化的重要性，并且与资源配置效率联系起来，指出企业家创业的冲动和管理创新对于经济增长的意义。然而，上述理论还是没有从一般性经济学意义来总结管理要素的特定内涵和作用规律，更没有考虑管理要素的激励功能和配置功能对于生产投入重新分类所带来的理论影响和可能改进。

第五节　理论展望和可能进行的下一步研究

基于上述文献讨论，本书认为，管理要素很大程度上是一种通过整合资源和组合其他要素的方式以扩大人们的能力范围和提高效率的知识性资源，我们把管理要素的作用主体看做是企业家，并把管理要素界定为企业家知识的溢出，技术进步则体现为知识的进展。管理要素很大程度上是一种通过激励手段和导向功能来扩大人们的能力范围和提高效率的知识性资源和知识性投入。管理要素作为一种知识性资源，其作用对象主要是人，这种知识性投入可以指导人们的活动、提升人们处理信息和问题的能力、挖掘人的因素的潜能。

由于作为知识性资源的管理要素具有报酬递增性及其在效率促进中的积极作用，我们对长期经济增长的研究可以从罗默知识外部性之外的路径去探讨使企业投入的综合要素边际产出非递减的条件。在罗默有关知识的内生增长模型基础上，我们把知识性管理要素纳入内生分析框架，从而使知识要素的边际报酬递增性因为管理要素而得到加强，因为企业剩余的主要来源出自企业家知识的溢出效应，如此一来企业家就有了积累和生产知识的强烈动机，知识生产可以内生于经济增长。因此作为知识性资源的管理要素和知识要素一起成了经济持续增长的内生因素，并且把管理要素当作技术进步中非体现型部分实现的主要因素，从而将 TFP 核算中外生的技术进步部分内生化，一定意义上是对内生增长理论的一个发展。

　　综上所述，在内生增长理论、TFP 理论、技术进步类型理论和生产要素理论的基础上，把管理要素作为一种知识性资源和内生性要素纳入增长理论分析框架，对上述理论可能是一个重要的发展，对于实践和政策制定也具有重大意义。

第二章

管理要素的经济学内涵界定及其对内生增长理论的拓展

　　随着社会技术的迅速发展，管理产生的影响和作用日益突出，据有关研究表明，在 1900～1955 年半个多世纪中，固定资本每增加 1%，生产提高 0.2%；劳动力每增加 1%，生产提高 0.76%；而训练有素的管理人员每增加 1%，生产提高 1.8%。也就是说，管理所带来的经济效益相当于固定资本的 9 倍，相当于一般劳动力的 2.4 倍（刘方棫等，1988）。程方敏（1998）的研究显示，在一个现代企业里每增加一名合格的普通劳动者、技术人员和有效的管理者，可以相应地分别取得 1∶1.5；1∶2.5 和 1∶6 的经济效果。企业家将是社会经济发展中人的因素中最重要的力量。而钱德勒（Chandler，1977）发现，技术发展只能对 1870～1910 年间铁路生产率的急速提高提供一半解释，另一半在于组织创新。钱德勒所言的组织创新很大程度上是指管理要素的作用，这同样也说明了这一时期管理要素作用的重要性。

　　国家自然科学基金委员会关于管理科学的调研报告也指出，管理是一种增效资源，它与科学和技术成为现代文明社会的三鼎足。管理是一种生产力，而且是一种投资小、收效大、见效快的生产力。人类社会创造出的价值有 50% 以上来自知识，而知识的运用有 80% 是依靠管理，只有 20% 依靠工艺。或者说，企业创造的财富或价值有 50% 来自技术创新，另外 50% 来自管理，而且在技术创新的有效发挥中，80% 也来自管理。

　　随着知识经济浪潮的冲击，知识作为生产必不可少的要素正发挥着越来越重要的作用。于刃刚和戴宏伟（1999）认为知识性生产要素主要包括技术、管理和信息要素。这种建立在知识和信息的生产、传播和使用基础上知识经济，使得知识作为新时代的战略性资源所发挥的作用日益扩大，并将推动社会财富以更快的速度增长，知识将成为社会创造财富的主要资源。

　　著名经济学家克拉克曾指出知识是唯一不遵守效益递减规律的生产工具。例如美国微软公司为开发第一套视窗软件投入了数千万美元，其额外生产上千万套视窗软件只需复制即可，成本几乎可以不计，但仍能以与第一套同样的价格发行，可见，在这样的知识生产经济部门，生产的边际成本几乎为零，于是出现了不同于传统产业部门的"边际收益递增"情况。内生增长理论的代表人物、美国经济学家罗默，基于美国和世界经济增长的现实，认为好的想法和技术发明是经济发展的推动力量，知识的传播以及它可以几乎无止境地变化与提炼是经济增长的关键，而好的想法和知识有其自身的特性，即非常丰富且能以极低的成本复制，因而知识会表现边际收益递增的规律性。

约翰·奈斯比特（John Naisbitt, 1982）认为在信息经济社会里，价值的增长不是通过劳动，而是通过知识实现的，而且最根本的变化是工业社会已变成信息社会。信息社会的主要特点是价值的增长不再通过劳动，而是通过知识。例如当美国国外市场日益缩小的情况下，不少美国公司却在大量出售其工业技术专业知识和管理技术，从而维持着美国直到 21 世纪初的超长增长周期。这种知识作用的变化使得管理也在不断地变化和发展。

现代经济社会的重要特征是企业经营环境动荡多变，企业要获得成功和长期存续，必须强化其管理功能。管理者在建立一个组织时，除了需要重视组织的结构和组织的整体功能外，对环境因素也必须作充分的估计和考虑。同样，管理者在制定决策和计划时，也必须本着因地制宜的原则，充分利用环境的有利条件，把决策和计划建立在牢靠的客观现实的基础之上。同一个企业从一个国家迁往另一个国家，或者从一个地区迁往另一个地区，都需要在各个方面作出重大调整，以适应其环境的变化。正是由于这个原因，现代许多跨国公司的成功经验都证明需要尽可能地给它在国外的子公司以相当大的主动权，允许它们在经营体制、组织目标、组织结构等各个方面与总公司不完全保持一致，而是要灵活地根据当地的政治、经济、社会、文化的特点制定相应的管理目标和策略。随着我国企业的壮大，很多企业需要走出去，我国企业也需要成功管理好国内外两个市场，而作为我国经济主要力量的大量中小企业，更需要从管理过程中寻找成功的路径。已有经验表明，成功的管理方式不能照搬，管理的成功只能根据具体的环境灵活运用已经积累出来的知识和经验。

基于经济增长中管理的作用如此重大，本章把管理当作与资本要素、劳动要素具有同等地位的一种生产要素，探讨管理要素的经济学内涵及其对维持经济长期持续增长的作用，由于在经济长期增长方面内生增长理论具有开创性，却也存在诸多缺陷，因此尝试着引入管理要素对内生增长理论进行可能的拓展。

第一节　管理要素在管理学和经济学范畴中的内涵比较

一、管理学范畴中的管理要素

在二战后的西方国家，管理理论学派林立，管理理论进入了一个空前繁荣的阶段。不同管理学派关于管理的性质、任务和内涵的观点充斥着管理理论。据此，大体可以把管理学派分为：经验主义学派、群体行为学派、管理科学学派、决策理论学派、社会系统学派、权变理论学派、经理角色学派、管理过程学派等。

经验学派又称案例学派，以彼德·德鲁克为主要代表人物，主要从管理者的实际管理经验方面来研究管理，他们认为成功的管理者的经验是最值得借鉴的。他们重点分析许多管理人员的经验，然后加以概括，找出他们成功经验中具有共性的东西，然后使其系统化、理论化，并据此向管理人员提供实际的建议。并认为管理是管理人员的技巧，是一个特殊的、独立的活动和知识领域。而管理的任务是作为管理人员的经理，必须造成一个"生产的统一体"，且在作出每一个决策和采取每一行动时，要把当前利益和长远利益协调起来。

群体行为学派又称行为科学学派，关心的主要是一定群体中的人的行为，认为管理者主要任务之一就是努力减少这种个体成长和组织原则之间的不协调，从而提高组织运行的效率。管理科学学派是泰罗的"科学管理"理论的继承和发展。他们认为管理就是制定和运用数学模型与程序的系统，用数学符号和公式来表示计划、组织、控制、决策等合乎逻辑的程序，求出最优的解答，以达到企业的目标。

决策理论学派以西蒙为主要代表。西蒙认为管理就是决策，而决策是一个复杂的过程，并根据决策的性质把决策分为程序化决策和非程序化决策。程序化决策是指反复出现和例行的决策，非程序化决策是指那种从未出现过的，或者其确切的性质和结构还不很清楚或相当复杂的决策。西蒙认为，由于组织处于不断变动的外界环境影响之下，搜集到决策所需要的全部资料是困难的，而要列举出所有可能的行动方案就更加困难，况且人的知识和能力也是有限的，所以在制定决策时，很难求得最佳方案。在实践中，即使能求出最佳方案，出于经济方面的考虑，人们也往往不去追求它，而是根据令人满意的准则进行决策。

社会系统学派主要代表人物是巴纳德，认为组织就是一个协作系统，组织系统是协作系统的核心，只有把组织的要求与组织内成员的要求结合起来，组织的发展才具有生命力。巴纳德认为在一个正式组织中要建立协作关系，必须有共同的目标，而且组织中每一成员都有协作的意愿，组织内部有一个能够彼此沟通的信息系统。

权变理论学派把管理看成一个根据企业内外部环境选择和实施不同管理策略的过程，强调权宜应变。权变理论认为管理中不存在普遍适用的"最佳管理理论"，有效的管理是根据组织的内外因素灵活地应用各种管理方法解决管理问题的过程。经理角色学派的主要代表人物是亨利·明茨伯格，经理角色学派以经理所担任角色的分析为中心，来考虑经理的职务和工作，以提高管理效率。

管理过程学派的研究对象是管理过程和职能。他们认为，各个组织以及组织中各层次的管理环境都是不同的，但是管理却是一种普遍而实际的过程，同组织的类型或层次无关。认为可以根据在企业中长期从事管理的经验，总结出一些管理基本原理，这些基本原理对认识和改进管理工作都能起到一定的说明和启示作用。

上述不同管理学派的观点都集中反映在管理学家从不同的侧面阐述的管理内涵上。著名管理学家泰罗、法约尔、罗宾斯、德鲁克、孔兹、西蒙等关于管理的真知灼见曾经对经济实践产生了很有力的影响。①

从对上述管理学派不同理论的梳理，可以看出，管理过程实际上是一个成功经验的总结过程，要关注人与群之间的关系，强调协调和合作，通过对不确定环境的认知，逐渐获得程序化解决问题的方法，实现非程序化向程序化决策的转变，一旦管理行为和方法可以程序化，就运用数学模型和程序一样精确的管理过程，实现组织目标。当然，一切管理行为都需要考虑所存外部环境和内在因素的影响，因此情景分析是权变原则的基本要求。环境的变化使得最佳的

---

① 不同学者在研究管理时出发点不同，因此，他们对管理一词所下的定义也就不同。直到目前为止，管理还没有一个统一的定义。特别是20世纪以来，各种不同的管理学派，由于理论观点的不同，对管理概念的解释更是众说纷纭。以下是各著名管理学家给"管理"下的定义。泰罗：确切知道要别人去干什么，并注意他们用最好最经济的方法去干；法约尔：管理是所有的人类组织（不论是家庭、企业或政府）都有的一种活动，这种活动由五项要素组成——计划、组织、指挥、协调和控制。管理就是实行计划、组织、指挥、协调和控制；罗宾斯：管理是指同别人在一起，或通过别人使活动完成得更有效的过程；德鲁克：归根到底，管理是一种实践，其本质不在于"知"而在于"行"，其验证不在于逻辑，而在于成果；其唯一权威就是成就；孔兹：管理就是设计和保持一种良好环境，使人在群体里高效率地完成既定目标；西蒙：管理就是决策。以上各种观点详见管理学教材，参考文献中不给出。

管理理论不会长期存在，但是可以根据长期管理的经验，总结出一些管理的基本原理，演化成为企业竞争力的知识，为企业发展过程中产生的问题提供指导和借鉴。

二、经济学范畴中的管理要素

上述一切管理过程实质上都由某一个主体完成，履行管理过程的终极主体就是企业家。经济学关于管理的论述也集中体现在对企业家的论述中。康替龙（Cantillon）最早认为企业家就是在市场中充分利用未被他人认识的获利机会成就一番事业的人。随后，萨伊（Say）提出企业家就是将经济资源从生产力和产出较低的领域转移到较高领域并获得较大收益的人。萨伊认为人类劳动总是由三种动作组成的，这三种动作则分别由三种人完成：科学家研究规律和自然趋势，企业家把科学家的知识应用于创造有用的产品，工人则在科学家和企业家的指挥监督下提供执行的力量。凡勃伦在《企业论》里则认为企业家的功能在于把握企业前进的方向，包括创新性工作发展的方向，用投入与产出的定律审视创新，激励具有强烈市场需求的、有盈利功能的创新。他甚至认为，大的企业家凭着他们势力和识见，支配着人类文明的命运。

19世纪末马歇尔提出了新古典理论的第四生产要素，即管理要素。马歇尔所提的管理要素即"组织"，也就是指"运用资本的经营才能"。在马歇尔看来，管理是人们共同劳动得以顺利实现的必要条件、也是各种生产要素能够相互融合并释放出巨大能量的催化剂。熊彼特则把企业家机能的发挥看做是实现经济进步的主要力量，按照熊彼特的说法，企业家是经济发展的带头人，其作用在于创新，或"实现新的组合"。他区分了五种类型的创新，并认为企业家不是发明家，企业家决定的是如何配置资源，以便利用发明和创新。熊彼特强调企业家作为变化源泉的作用。而哈耶克（Hayek）和柯兹纳（Kirzner）则认为，企业家能对变化作出反应——这种变化反映在他所收到的信息中。熊彼特认为由一个企业家造成的变化会产生溢出效应，从而改变其他企业家的环境，而哈耶克和柯兹纳并不坚持企业家活动的新颖性。然而，正确的决定并不总是决定实行创新，因为不成熟的创新在商业上可能是灾难性的。熊彼特就此提出了一个疑问：如果一个人最先对一项创新做了评估，但他正确地决定不进行这项创新，那么，他是否够格做一名企业家？因此，我们不能仅仅以创新的尺度去判断是否企业家。

柯兹纳（Kirzner）认为企业家能对变化作出反应在于企业家具有发现市场机会的特殊素质，称为"企业家警觉"，即企业家能够发现其他实际或潜在竞争者不能发现的各种机会的可能性。奈特则认为企业家决策包含着不确定性。即可测的风险可以通过保险市场加以分散或"分担",而不确定性却不能。在极不确定的环境中作出决策的人,必须自己承担决策的全部后果。这种人就是企业家。

莱宾斯坦(Leibenstein)认为,企业家就是避免别人——或他们所属的组织——易于出现的低效率、从而取得成功的人,并将其定义为"填补市场空白"和"投入补齐"。罗斯则把发现企业生产机会的能力叫做"企业家的服务"。她认为企业家的服务是为企业的利益而引进和接受新观念,尤其在有关产品、企业地位和技术上的重要变化等方面,对企业的经营做出贡献。卡森(Casson)为找出各种各样企业家理论的共有因素,引入了企业家判断这一概念。卡森把企业家定义为专门就稀缺资源的配置做出判断性决策的人。

而舒尔茨则从经济始终处于失衡状态的角度将企业家定义为"成功应对经济体系中发生的其他各种失衡",即"重新配置资源,以获得各种可观察到的报酬"。舒尔茨在《报酬递增的源泉》一书中提出了"拓展的企业家"概念,认为"存在从资源的重新配置中获利的机会(这种机会是经常存在的)。发现这一机会并采取行动从中获利的人就是企业家。企业家才能是一个无所不在的经济行为。无论是象牙塔中的经济学教授还是教会中的牧师都不能逃避组织的失衡问题,而这都需要企业家才能来协调。……在生命中的每一点上,每个人都是一个企业家,每个人都在忙着分配自己的时间来改变环境。因此,在这个意义上,我们都是企业家。这些定义使我们认识到企业家职能通常是经济增长和发展的发动机,企业家职能从主体能动性来讲也是一种能力。

鲍莫尔认为企业家才能在任何社会都存在,而且最能够实现经济长期增长的是一种企业家型经济体制和大企业型经济体制的混合体,因为这种形态的经济体制最有利于技术进步,最有利于新技术的商业化。鲍莫尔教授等认为一个国家要实现领先性增长需要满足四个条件:第一,易于创设和发展企业;第二,生产性企业家能够得到良好回报;第三,非生产性活动受到抑制;第四,迫使市场竞争的赢家继续保持创新势头。而且他们认为要充分释放欠发达国家的企业家才能,有四个途径:第一,减少创办生意的障碍,如简化企业注册程序;第二,使法律体系正规化;第三,改善资本的可获得性;第四,扩大劳动者受教育的机会。

Acs等(2009)发展了一个企业家活动的知识溢出理论,以改进内生增长模型的微观基础,即知识的创造扩大了技术的机会,并把知识溢出效应看做是企业家机会的源泉。认为带有新经济知识的代理人内生地追求对知识的利用，隐含着已有的知识存量会产生溢出，这更加突出知识溢出和企业家行为之间显著的相关性。他们主要论证了三个方面的问题：第一，知识持有量的增加对企业家活动水平会有积极影响；第二，相对于新进入企业，在位者利用知识流越有效，新知识对企业家活动的影响就越小；第三，更多的规则、行政负担和政府对市场的干预会使企业家活动减少。他们把企业家精神对经济增长的贡献看做一个作用渠道，通过此渠道，被现任企业创造的知识溢出给内生地创造新企业的代理人。当现任企业投资于新知识，而不是使其商业化，机会就被创造，企业家精神对这些机会做出反应。当对新知识的投资相对更高时，企业家行为将会更多，因为新成立的企业将会利用现任企业知识资源的溢出效应。在新知识投资相对低的环境中，将会有更少的基于潜在溢出效应的企业家机会。

综上所述，经济增长中作为管理要素起作用的主体即是企业家。企业家通过认识市场中的获利机会，将经济资源进行重新配置，以便生产力和产出效率得到提高，并获得最大化的收益。在这个过程中企业家可能会行使组织、决策、"企业家警觉"、"企业家判断"、创新和组织高度化等等职能，但这一切都可以看做是企业家才能的发挥过程。而构成企业家才能的核心和主体要素则是企业家所拥有的知识。综合管理学关于管理的内涵和经济学关于企业家才能的内涵，可以看出，通过企业经营管理过程积累各种经验和知识是获得企业竞争力的关键途径。

第二节　管理要素经济学内涵的界定：基于知识的视角

有关知识，Hayek（1945）曾撰写了经典文章"知识在社会中的运用"。哈耶克认为即使是最专制的管理者，他们也必须依赖具备"时间、地点的特定情况"知识的下级。有关经济秩序问题，哈耶克认为事实是，我们必须用到的知识，从不以集中和整合的形式出现。而是孤立地以不完整、常常互相矛盾的知识碎片形式出现，所有的个人具备的即是这样的知识。简而言之，这是知识利用的问题，而知识对任何人来说都不是完全已知的。Hayek（1945）指出，有一个非常重要但未经组织的知识体系，不可能以知识的一般规则称之为科学知识，这是关于时间、地点的特定情况的知识。正是着眼于此，所以基本上每个人都有一些别人没有的优势，因为他可以有利地利用他掌握的独一无二的信息。

Hayek（1945）认为，如果我们同意社会（企业）的经济问题主要是快速适应时间、地点的特殊情况变化的问题，那么最终决策必须由熟知这些情况的人来作出，他们直接了解相关的变化以及可立即用来应对变化的资源，因为我们不能指望先把所有的这种知识传达给中央委员会，再由委员会综合所有知识后颁发命令来解决这个问题。我们必须用某种形式的权力下放解决问题。哈耶克从知识的角度讨论了一个集权和分权的管理问题。

德鲁克也认为创新的来源之一是新知识。基于知识进行的创新，是一种高层次的企业家精神。当然，并非一切基于知识进行的创新都是必要的，有些的确微不足道。但是，在创造历史的各种创新中，基于知识进行的创新占有很高的地位。然而，所谓知识不一定都是科学的或技术的知识，基于知识进行的社会创新能够产生同样的，甚至更重大的影响。德鲁克还认为，在知识经济的社会里，知识就是个人的乃至整个经济的首要资源。土地、劳动和资本——经济学家列出的传统生产要素——并没有消失，但他们是次要的。

从上述管理学理论关于管理的不同学派观点和经济学理论关于企业家观点的比较中，可以看出，管理理论实质上只是对管理活动过程和内涵进行了结论各一的探讨，认为管理仅仅是一种技能而只注重经验，强调管理的具体方法和手段，注重实际可操作性。现代经济学理论由于管理要素作用有很大的不确定性和不易计量的特征，仅仅论述企业家的特征和企业家才能的作用，还没有把管理要素作为一种生产要素纳入到经济学最优化分析框架中。

管理要素的所有者主体是企业家。企业家在实现配置功能和激励功能过程中主要依靠的是企业家所拥有的知识。从知识的角度来认识管理要素的经济学本质内涵是一种值得尝试的做法。现代社会中更大存量的知识为经济增长提供了一个更高的生产力水平。企业的生存直接取决于知识资产的竞争力质量以及在所有的业务活动中对这些资产的成功运用（即实现知识资产的价值）。知识以及其他智力资本在企业中主要有两大作用。其一，他们本身是企业有效运作所需的基础性资源；其二，他们在经济发展过程中又构成有价值的资产。

罗默（1986）开创性地构建了知识生产的内生增长模型。罗默认为从纵向考察各国的经济增长可以看出，随着时间的推移，一国的经济增长率存在上升的趋势；而从世界各国的横向比较看，发达国家与大多数发展中国家的差距是日益扩大而非缩小。根据这个经济增长的基本事实，罗默得出基于知识的生产是收益递增的结论。因此，罗默（1986）的模型采用了收益递增与知识的外部性相结合的分析框架来说明经济的长期持续增长。

基于对管理要素在管理学范畴和经济学范畴中内涵的比较，综上所述，本书认为管理要素很大程度上是企业家通过整合资源和组合其他要素的方式以扩大人们的能力范围和提高效率的一种知识性资源。首先，管理要借助于一种机制或组织形式来整合资源和组合其他要素，它的存在形式是一个资源或要素的集合体即企业。其次，管理是这个集合体中的知识性资源，管理作为一种要素，首先应该是一种资源，是人们在实践和生产中积累起来的规制性知识。如处理一些非惯例性事件所获得的经验形成的知识，可以指导解决下一次出现的问题。具体地说，管理要素是一个以马歇尔意义和舒尔茨拓展意义上的企业家才能为主的，整个组织的管理者所拥有的经营组织管理方面的才能和知识。再次，这个概念包含这一要素是可以提升和扩大人们处理问题的能力，达到提高效率的目的和结果的。

总之，在现代经济条件下，更应强调管理要素作为一种知识性的资源。管理要素很大程度上是一种通过激励手段和导向功能来扩大人们的能力范围和提高效率的知识性资源和知识性投入。管理要素作为一种知识性资源，其作用对象主要是人，这种知识性投入可以指导人们的活动、提升人们处理信息和问题的能力、挖掘人的因素的潜能。

管理要素作为一种知识性资源和知识性投入，主要是指企业家及其领导下的管理层所拥有的知识。企业家才能是管理要素的核心成分，无论对于企业还是对于社会，企业家才能越大越好。企业家在企业中所处位置的特殊性，使企业家能力的增长会呈现收益递增的性质，但同时组织原则不允许一个企业中存在多个 CEO 或高层管理者，因此某一企业中企业家才能的所有者数量是有限的，但在以企业家为领头羊的整个管理层中，他们拥有且可以积累的知识却可以无限，并且具有报酬递增性。因此，由于管理要素的报酬递增性及其在效率促进中的积极作用，我们对长期经济增长的研究可以从罗默知识外部性之外的路径去探讨使企业投入的综合要素边际产出非递减的条件。

管理要素的另一个重要特征是积累性，即作为一种知识性资源，其投入过程须连续，任何中断都会造成效率损失。雷明、孙曙光（2010）认为是由于管理和技术的不匹配而导致生产效率损失[①]，这种观点是很符合经济学直觉

---

① 雷明、孙曙光（2010）通过在广义生产函数中引入引入了一个新的变量，即组织管理方法和技术水平之间的匹配度，把 TFP 增长来源主要分解为三个方面：技术进步增长率、组织管理效率的提高、技术进步和组织管理之间匹配程度的提高。

的。然而，周黎安（2007）通过分析我国企业生产率的代际效应和年龄效应，发现一个有趣的现象是中国制造业企业的代际和年龄优势并没有相应反映在外资企业上，外资企业的代际优势几乎没有，正年龄效应在第 6 年后也几乎消失。我们认为能解释这种现象的一个正确说法是管理投入的积累性，外资企业进入中国，是把其匹配很好的技术和管理都带进来，然而由国外进入中国以后，这种生产优势渐失，原因就在于由国外进入国内，实为管理投入积累性的中断，外资企业失去了管理投入连续积累的原有环境，由此产生效率损失，使外资企业逐渐失去年龄效应和代际效应。

第三节　知识性管理要素对内生增长理论的可能发展

由于把管理要素界定为一种知识性资源，而且其拥有者主要为企业家，这样管理要素作为内生增长因素可以对罗默知识生产模型进行改进。在罗默（1986）的经典内生增长模型中，知识的积累被看做是收益递增的原因，知识的外溢性被当作是实现持续增长的动力，由此会产生规模效应，而且由于知识的私人边际产品小于社会边际产品，使竞争均衡和社会最优均衡不一致。罗默知识驱动模型的关键不足在于知识仅仅是企业投资的副产品，知识溢出效应的发生也只是一种随机过程，并没有刻意追求知识生产收益最大化的主体，因而使得知识溢出过程没有强烈的内在推动力，罗默的内生增长模型中知识的增长仍然是外生的。而实际上如果把管理要素作为一种企业家拥有的知识性资源加进罗默的知识驱动模型中，企业剩余的主要来源出自企业家知识的溢出效应，如此一来企业家就有了积累和生产知识的强烈动机，知识生产可以内生于经济增长，而且引进管理要素这种知识后，使模型更能解释经济现实。

作为内生增长理论开创性文献，罗默（1986）经典论文"报酬递增和长期增长"中的知识生产模型区分了厂商的私人知识和社会知识。基于对罗默（1986）文献的理解，本书认为如果各个厂商的私人知识是完全不同的，社会知识总水平 K 也不应该简单地等于 sk。社会知识总水平和私人知识产生的溢出效应是与企业和社会进行管理的能力紧密相关的。据此，我们可以建立一个更为符合现实的知识总水平 K 的表达式：

$$K = (sk)^m \qquad (2.1)$$

其中，其中 s 代表社会中私人厂商的数量，k 代表私人厂商的知识，m 代表厂商和社会的知识性管理能力，$0 \leqslant m \leqslant 1$。修正后的人为（artificial）计划

问题 p_∞（k）和社会计划问题 ps_∞ 可以分别表示为：

$$ps_\infty : \max \int_0^\infty u(c(t)) e^{-\delta t} dt \qquad (2.2)$$

$$s.t. \; \frac{\dot{k}}{k} = g\left(\frac{I}{k}\right) = g\left(\frac{f(s,(sk)^m) - c}{k}\right) \qquad (2.3)$$

$$p_\infty(k) : \max \int_0^\infty u(c(t)) e^{-\delta t} dt \qquad (2.4)$$

$$s.t. \; \frac{\dot{k}}{k} = g\left(\frac{I}{k}\right) = g\left(\frac{f(k,K) - c}{k}\right) \qquad (2.5)$$

定理1：社会计划问题解的存在性定理。假定 u、f、g 是连续实值函数，并且 U 和 g 是凹函数。如果 $f(k,sk)^m \leqslant \mu + k^\rho$，$\rho > 1$ 且 $0 \leqslant g(x) \leqslant a$，其中 μ、ρ、a 是实数。如果 $\alpha\rho$ 小于贴现率 δ，社会计划问题 ps_∞ 有一个有限值解。可以借助现值汉密尔顿方程来具体分析社会计划问题 ps_∞。令汉密尔顿方程为：

$$H(k,\lambda) = \max_c u(c) + \lambda \{kg([f(k,(sk)^m) - c]/k)\} \qquad (2.6)$$

假定函数 u，f 和 g 是两阶可微的。对于路径 $k(t)$ 实现 ps_∞ 最大化的一阶必要条件是存在一个路径 $\lambda(t)$，使一阶微分方程组：$\dot{k} = D_2 H(k,\lambda)$ 和 $\dot{\lambda} = \delta\lambda - D_1 H(k,\lambda)$ 被满足。且路径满足两个有界条件：①即 k 的初始条件 $\dot{k}(t) \geqslant 0$，$t \geqslant 0$ 且 k（0）$=0$；②横截条件：$\lim_{t \to \infty} \lambda(t)k(t)e^{-\delta t} = 0$。

当 m 值等于临界值，使得当 $k \to \infty$ 时，$f(k,(sk)^m)$ 关于 k 边际收益为一常数 $n > \delta$ 或 m 的值大于临界值时，则 ps_∞ 有增长率大于 0 的均衡解；当 m 的值等于 0，或 m 的值不超过临界值使得 $f(k,(sk)^m)$ 关于 k 边际收益递减时，社会最优均衡增长率为 0。

因为 $f(k,(sk)^m) \leqslant \mu + k^\rho$ 且 g（x）的上限为 a，a 是隐含在研究技术中 k 的最大增长率，所以消费 c 的增长速度上限为 $\alpha\rho$，$\alpha\rho$ 小于贴现率 δ 就保证了有限解的存在。

定理2：人为计划问题解的存在性定理。假定 u，f，g 是二次可微实值函数，u 和 g 是凹函数。如果 $f(k,(sk)^m)$ 有一渐进指数 $\rho > 1$ 且 $\alpha\rho < \delta$。假定 $Dg(x)$ 有一个渐进指数严格小于 -1。当 m 的值等于临界值，使得当 $k \to \infty$ 时，$f(k,(sk)^m)$ 关于 k 边际收益为常数或 m 的值大于临界值时，如果有一 $\bar{k}$，使得对任意 $k > \bar{k}$，$D_1 f(k,(sk)^m) > \delta$。如果 $k_0 > \bar{k}$，则存在增长率不为 0 的竞争均衡。当 m 的值等于 0，或 m 的值不超过临界值使得 $f(k,(sk)^m)$ 关于 k 边际收益递减时，无论 k_0 为多少，竞争均衡增长率为 0。

Dg（x）有一个严格小于 -1 的渐近指数保证了函数 g 的有界。对任意 k
$> \bar{k}$，$D_1 f(k, (sk)^m) > \delta$ 说明了，如果私人在把社会知识存量 K 看成是既定的
情况下，私人的知识边际收益总是大于贴现率，经济就能保持长期增长。

修正后的人为问题达到均衡时 K ＝（sk）^{m}，而不是罗默模型中的 K ＝ sk。
在修正后的模型中，知识的私人边际产品为 $\frac{\partial}{\partial k} f(k, (sk)^m)$，知识的社会边际

产品为 $\frac{\partial}{\partial k} f(k, (sk)^m) + ms(sk)^{m-1} \cdot \frac{\partial}{\partial k} f(k, (sk)^m)$。当 m ＝0 时，修正后的
模型中知识的私人边际产品恰好等于知识的社会边际产品，说明竞争均衡恰好
满足社会最优。这表明在经济社会发展的过程中，只有在毫无知识及不存在知
识性管理的状态下，经济是可以实现均衡增长的。但在现代工业化条件下，经
济社会不可能缺失知识要素，也即知识性管理是存在的，所以一般情况下，知
识性管理 m 不可能等于 0 或 1，这时，倘若要使经济达到帕累托最优状态，关
键在于 m 即知识性管理在企业和社会之间所起的作用。

罗默认为知识不可能完全保密和专利化，知识具有溢出效应和外部性是知
识的社会边际产品大于私人边际产品的原因，而且罗默在构建技术是一个内生
变量的内生增长模型中知识的增长却具有外生性①。但实际上企业内部的知识
性管理对企业内私人知识的共享程度、企业决策的质量和水平、隐形知识向显
性知识的转化程度等方面的提高都有促进作用，这些方面的提高越快，企业的
生产率就会越高，知识的私人边际产品也会越大，从而有可能使知识的私人边
际产品无限接近知识的社会边际产品水平。从这个意义上说，良好的企业组织
和管理是社会经济实现均衡增长的微观基础。

由于知识的私人边际产品和知识的社会边际产品这两者都是关于 m 的增
函数，因此 m 越大，知识的私人边际产品和社会边际产品越大，不管社会最
优的知识存量还是竞争均衡最优的知识存量都会越大，社会最优经济增长的速
度还是均衡最优经济增长的速度也都会越快。知识要素的边际报酬递增性因为
知识性管理而得到加强，因此知识性管理和知识要素一起成了经济持续增长的

---

① Rosenberg N. 认为由于组织变革及经济激励的相关变化，科技在美国资本主义制度下更具内生
性，而且应该探讨实用知识的增长以及研究活动的组织形式的变化影响增长的方式。并认为罗默
（1990）构建的技术为内生变量的内生模型中知识的增长仍然保持外生性。参见谢辛斯基（Sheshinski,
E. ）等编著：《自由企业经济体的创业、创新与增长机制》，第五章，"20 世纪美国的内生力量"，上
海：东方出版中心，2009 年，第 78~79 页。

内生因素。因此，我们认为可以把管理要素纳入内生增长框架，并把管理要素当作一个内生要素，从而在理论上可以解决内生增长理论的一些不足，比如知识不仅仅是投资的副产品，而是企业家用以实现递增收益和获取最大化收益的要素，这就使得知识收益的递增过程也是内生的。

第四节　经济学范畴中管理要素的内涵对企业理论的启示

首先，关于企业边界的决定，科斯认为市场交易费用和企业组织成本的相对大小决定了企业可以配置的资源数量的多少，从而决定企业规模的大小（企业的边界）。当追加的交易由企业家组织时，企业就变大；当企业家放弃对这些交易的组织时，企业就会变小。我们认为，在考虑企业家知识对企业产出的贡献后，企业的边界应该由具有报酬递增特性的企业家知识和具有递减性质的其他要素如资本和劳动的组合产出的边际成本为零，从而满足实现利润最大化的要素边际条件来确定。

其次，管理要素作为一种知识性资源具有积累性，因此应该强化对企业家和其他管理者处理非惯例问题经验的积累，从而形成可以长期共享的条文知识，提高企业处理问题的能力和效率。企业能力理论认为企业在本质上是一个能力体系，企业能力主要是指一种知识，由于知识的获取和转移成本高，因而知识是构成企业核心能力并取得竞争优势的重要因素，因此拥有专门知识的人是企业竞争能力的重要源泉。能力理论学家认为企业是通过运用和发展专门知识进行经济活动来获取利润的组织，随着企业组织的演进，知识具有不断积累和报酬递增的性质。而企业的知识通过物化为特定的技术手段、组织结构和运作流程，成为企业的实际竞争能力，企业获取了长期利润的源泉。

因此，在现代公司的出现及发展过程中，一个十分重要的方面是"管理"作为一个专门的知识体系所取得的进展。管理者关于组织的知识必须与工人的技能以及工人对工厂条件的熟悉程度进行有效结合。由于管理者具备更高级的智力水平和关于管理原则的专业知识，所以他们应该被赋予决策权。但是，它的一个关键假设是管理者能够掌握工人所拥有的全部知识。因此私人知识转化为企业知识是企业管理成功的保障。

再次，根据管理要素主要发挥的激励功能和配置功能，可以把企业生产性投入分为激励型投入和配置型投入。出于管理旨在追求组织高效率的目标，对激励型投入应该充分挖掘其潜能，提高劳动者的生产积极性和劳动努力程度；

对配置型投入应该充分提高其利用效率，各种物质资源能够物尽其用。根据企业内部和外部的实际情况，对企业的发展方向、奋斗目标以及采取的激励办法进行研究，把研究结果变成科学的决策和实际行动，提高激励的效率。一切以发挥人的因素的潜能的投入都属于激励型投入；而致力于提高劳动力技能和熟练程度的培训、实现劳动和资本适当组合的生产流水线等都属于配置型投入。由此可知，激励型投入的产出具有较大的不确定性，而配置型投入的产出最大值应该是确定的，因此提高企业利润的关键手段在于激励型投入的使用。

第五节　本章小结

　　管理要素在社会经济中的作用和地位随着技术水平的进步而日益提高。管理理论丛林关于管理内涵的论争看似是各自对管理技能和经验的总结，实质上都可以归结为经验性知识的获得过程。经济学范畴中有关企业家概念的辨析，使企业家特征更加明显，企业家是一个主要行使激励功能的企业组织主体，企业家能力的大小完全反映在其所拥有知识的多寡上。企业家在经济中的作用从生产要素的角度看，从属管理要素范畴。结合内生的知识生产模型，企业家对经济增长的影响可以作为一种内生力量，一个经济体中企业家禀赋和企业家能力的高低对经济增长具有决定性作用。

　　分析表明要充分发挥管理要素在我国经济增长中的作用，必须提高管理要素的市场化，增强企业参与市场竞争的能力。然而，由于本书把管理要素界定为企业家所拥有的一种知识性资源，且管理要素具有报酬递增性和累积性，因此真正具有市场竞争能力的是大企业的企业家，因为大企业经由一个较长时期的成长和经营管理，积累的知识性管理资源禀赋会大于中小企业。中小企业在市场中之所以具有竞争力在于其灵活的创新能力和对风险的偏好强于大企业，一旦中小企业规模开始变大，创新的灵活性和动力降低，而且出于对既存资产和利润的守业心理，会降低对风险的偏好，从而也降低了中小企业的竞争力。如果中小企业的竞争力不是源自于管理要素的长期积累，那么很多小企业存续的时间将会很短，只有短短数年。因此，提高中小企业的市场竞争力和延长中国民营企业（多数是小企业）的寿命，其措施除了强化在创新和偏好风险方面的优势，一个关键措施是提高中小企业的企业家能力，即提高它们在管理方面的知识积累程度。

第三章

基于管理要素的内生增长模型

第一节　构建引入管理要素内生增长模型的意义

从第二章的理论综述可以看出，现代主流经济增长理论的一个主要不足是没有分析管理投入在经济增长中的作用，内生增长理论也没有把管理要素当作一个内生因素进行分析。而且，企业家的作用也一直被新古典经济学所忽视，因为新古典主义理论强调的是完全信息和完全市场，一切决策只需根据价格体系所提供的公共信息进行边际主义的计算，管理和决策变得无足轻重，企业家才能类似于一种固定要素禀赋，其作用是静态的、被动的。然而，管理要素在经济增长中的重要作用已经获得实践上的证实和理论上的认可。在我国经济增长的实践中，国家政策和经济发展的指导方针都很重视管理要素在生产中的作用。十六大明确提出了"劳动、资本、技术和管理等生产要素按贡献参与分配的原则"，确立了管理要素在生产中的地位。十七大又进一步提出以"科学发展观"统筹社会经济的可持续发展，强调经济增长方式要"由主要依靠增加物质资源消耗向主要依靠科技进步、劳动者素质提高、管理创新转变"，管理要素在经济发展方式转变中的作用得到了高度重视。

前总理朱镕基（1998）也认为我国对管理的重要性宣传得还太少，要大力宣传加强企业的经营管理，要大力提倡振兴中国的管理科学，要总结中国管理实践的经验。国家自然科学基金委员会关于管理科学的调研报告也指出，管理是一种增效资源，它与科学和技术成为现代文明社会的三鼎足。可见，研究管理要素作为生产要素对经济增长的贡献，明确管理要素对于经济长期增长所起的推动作用非常重要。正如舒尔茨、诺斯等人认为制度创新是内生的，制度创新可以成为经济增长的持久动力和实现前提一样，管理要素的内生性也会使管理投入成为经济增长的又一持久动力和实现前提，因此在研究经济长期增长的内生增长框架下研究管理要素的作用和贡献显得意义重大。

在经济增长因素中，由于劳动具有可激励的特征，存在可以发掘的潜能，因此对增长潜在贡献最大的是劳动者。然而如何把其他要素与劳动者有效结合，如何调动劳动者积极性和创造性，如何挖掘劳动者的潜能，首要依靠的是管理。也即是说，我们可以通过管理最终实现生产效率的改进、资源配置的改善和规模的节约。上一章关于管理要素的知识性内涵以及管理要素的报酬递增性和累积性特征的论述，阐明了管理要素可以作为一种知识加入罗默的知识生产模型并对其进行改进，并且可以按照管理要素的激励功能和配置功能把生产投入区分为激励型投入和配置型投入。然而，管理要素本身是否可以作为经济增长一个独立的内生要素，通过构建内生增长模型反映管理要素本身的激励功能和配置功能？这一章致力于回答这样一个问题。

第二节　要素投入重新分类：激励性投入和配置性投入

舒尔茨（W. Schultz，1948）将资本区分为物质资本与人力资本为内生增长理论分析人力资本在长期经济增长中的作用奠定了基础。阿罗（1962）提出了"干中学"模型，主要强调经验的学习效应，这种思想被罗默进一步发展。罗默（1986）在阿罗模型的基础上提出知识溢出模型，他采用了知识的外溢与收益递增相结合的分析框架来说明长期经济增长。然而，在此内生增长模型中知识的增长仍然是外生的。卢卡斯（1988）则提出人力资本内生增长模型，卢卡斯用人力资本揭示了经济的持续增长，使人力资本内生化，并找出经济的平衡增长路径。其中人力资本为凝结在劳动者身上能够使价值迅速增值的知识，体力和价值的总和，它是促进经济增长的重要因素，且具有收益递增的特性，同时它能提高物质资本使用效率从而也产生递增收益。罗默（1990）则试图将技术通过人力资本进行内生化，进一步认为技术进步和人力资本投资二者共同决定了经济增长。Aghion 与 Howitt（1992）在熊彼特创新思想的基础上发展了创造性毁灭的产品垂直创新内生增长模型。这些在增长理论方面的重大发展很大程度上都得益于舒尔茨所提出的人力资本概念，但是人力资本到目前为止还是一个不够清晰的概念，人力资本和物资资本之间的区分在实际操作中有一定困难。

基于 Ramsey（1928）关于储蓄的经典文章，内生增长理论除了上述文献，还产生了很多具有代表性的文献，主要有：Barro（1990）、Rebelo（1991）提出的政府支出模型，Uzawa（1965），Grossman 与 Helpman（1991）的产品质量阶梯模型，Becker、Murphy 与 Tamura（1990）的人力资本和内生生育的相互作用模型，Yang 与 Borland（1991）最终产品生产劳动分工的内生模型，Aghion 与 Tirole（1994）、Aghion 与 Howitt（1998）探讨产品水平创新模型与垂直创新模型的融合等。总之，内生增长理论尝试着在宏观生产中加入各种其他要素，其长期且连续的投入但边际产出不会接近 0（不符合稻田条件）的诸类要素，来获得经济长期增长的内生实现机制。

然而，上述这些内生增长理论并没有一个为多数经济学家共同接受的基本理论模型，新增长理论只是一些持有相同或类似观点的经济学家所提出的诸种增长模型组成的一个松散集合体。朱勇（1999）认为这些模型在思想观点和分析方法上的共同要素主要有：（1）经济可以实现持续均衡增长，经济增长是经济系统中内生因素作用的结果而不是外部力量推动的结果；（2）内生的技术进步是经济增长的决定因素，技术进步是追求利润最大化的厂商进行意愿投资的结果；（3）技术（或知识）、人力资本具有溢出效应，这种溢出效应的存在是经济实现持续增长所不可缺少的条件；（4）不存在政府干预的情况下，经济均衡增长通常表现为一种社会次优，经济的均衡增长率通常低于社会最优增长率；（5）经济政策例如税收政策、贸易政策、产业政策很可能影响经济的长期增长率；一般情况下，政府向研究开发活动提供补贴有助于促进经济增长；（6）新增长理论在分析方法上的特点是普遍采用动态一般均衡分析法构建他们的增长模型。新增长理论仍在继续发展，一些学者利用新增长模型的分析框架对各国经济增长进行了经验分析。

正如前文所述，动态最优化数学方法等分析手段的局限性也限制了新经济增长理论的研究视野。人们已经认识到了管理和制度等因素对经济增长的影响，但由于管理要素的不确定性和难于经济计量，对管理要素的分析仅仅局限在对其行为方式和经验技能的总结上，经济学中各种模型也把管理要素置于分析框架之外。由此，产生了索洛增长核算中无知的增长剩余，为了解释索洛剩余，又称全要素生产率（TFP），内生增长理论得以诞生。然而，由于内生增长理论并没有把带来生产效率的主要因素即管理要素加以考虑，即使加进了很多因素构建了很多内生增长模型，但对索洛剩余也即 TFP 的解释仍显乏力，这就造成了内生增长理论模型云起，结果各种模型大量存在却又无法统一。

本章基于管理要素在生产效率中的重要作用，根据管理要素的激励功能和配置功能，把生产要素区分为激励型投入和配置型投入，并利用内生增长理论的分析工具，构建内生增长模型，分析了管理要素对经济长期增长的作用，从而为把管理要素引入内生增长模型提供了一个可能的创新性思路，从而一定程度上突破已有内生增长理论在人力资本和知识溢出等模型中的限制。

第三节　在两部门经济中引入管理要素的内生增长模型

我们把管理要素界定为企业家所拥有的用来提高效率并可以不断积累的一种知识性资源。企业家积累的知识会有溢出效应，企业家从知识溢出中获得全部剩余。企业家知识的溢出包括企业内部溢出和企业外部溢出两个方面，企业内部知识的溢出表现为在组织内企业家才能的发挥，知识在企业外部的溢出表现为市场给予的额外回报，例如政府对经营良好及对社会存在贡献的企业给予奖励。管理要素有激励功能和配置功能。

在考虑管理要素投入的经济和生产过程中，要素投入根据其可激励性和配置性区分为两大类，即激励型投入和配置型投入。激励即是高水平的努力实现组织目标的意愿，而激励型投入是指因为人的能动因素可以挖掘效率潜能的投入。如劳动和管理；配置型投入是指没有人的能动因素，仅仅通过重新配置来提高效率的投入，例如资本和土地，当然这里的资本不包括人力资本因素。

我们利用 AK 模型与家庭及企业的最优化行为的结合来构建基于管理投入的内生增长框架。

一、家庭行为

假定无限寿命的家庭最大化效用由下式给出：

$$U = \int_0^\infty e^{-(\rho-n)t} \cdot \left[\frac{c^{(1-\theta)} - 1}{(1-\theta)} \right] dt \tag{3.1}$$

$$S.t. \quad \dot{\alpha} = (r-n)\alpha + w - c \tag{3.2}$$

其中 α 是人均资产，r 为利率，w 是工资率，n 是人口增长率。假定没有连环信的可能，即假设信贷市场对债务融资施加了约束，也就是说，为防止家庭无限制地借入使家庭财富为负，给出非蓬齐对策约束，为：

$$\lim_{t \to \infty} \left\{ a(t) \cdot \exp\left[-\int_0^t [r(v) - n] dv \right] \right\} \geq 0 \tag{3.3}$$

由最优化条件即欧拉方程，得消费增长率为：

$$\frac{\dot{c}}{c} = (1/\theta)(r - \rho) \tag{3.4}$$

横截性条件为：

$$\lim_{t \to \infty} \left\{ a(t) \cdot \exp\left[-\int_0^t [r(v) - n] dv \right] \right\} = 0 \qquad (3.5)$$

在（3.1）式中，假定 0 时的成人数目标准化为 1 单位，则 t 时的家庭规模即成人数目为 e^{nt}，假定效用函数为 $u(c) = \dfrac{c^{(1-\theta)} - 1}{(1 - \theta)}$，$u$（$c$）是对 c 递增且凹的，即满足 $u'(c) > 0$，$u''(c) < 0$，这个凹性假设是消费随时间平滑化的表现，即家庭偏好于一个相对平均的消费模式。同时假定 $u(c)$ 满足稻田条件，即当 $c \to 0$ 时 $u'(c) \to \infty$，当 $c \to \infty$，$u'(c) \to 0$。$e^{-\rho t}$ 中 $\rho > 0$ 是时间偏好率。ρ 的正值意味着效用获得越晚其价值就越低。同时假定 $\rho > n$，这意味着如果 c 持续不变则（3.1）式中的 $u(c) = \dfrac{c^{(1-\theta)} - 1}{(1 - \theta)}$ 是有界的。α 作为家庭的人均资产是以可消费品的单位来衡量的。假定家庭是竞争性的，每一个家庭都认为利率 r（t）和付给每单位劳动的工资率 w（t）是给定的，因此对家庭而言的流量预算约束满足（3.2）式。（3.3）式所代表的约束意味着在长期中一个家庭的人均债务（α（t）的负值）不可能以 r（t）$- n$ 那么快的速度增长，所以债务水平不可能增长地像 r（t）那样快，即表示资产的现值渐进于非负，这一约束排除了连环信融资的可能性。$u(c) = \dfrac{c^{(1-\theta)} - 1}{(1 - \theta)}$ 是不变跨期替代弹性效用函数，其中 θ 是跨期替代弹性。（3.5）式的横截条件表明为了实现效用最大化，家庭在期末资产的价值应该等于 0，其中的变量 v 是收入的现值影子价格。

二、企业行为：具有配置型和激励型投入的简单内生增长模型

企业生产产品，对各种投入支付相应的租金价格。假定企业生产函数中使用配置型投入（deployed input）为 D 和激励型投入（motivational input）为 M：

$$Y = F(D, M) \qquad (3.6)$$

其中 F（·）呈现出标准的新古典性质，包括 D 和 M 上的不变规模报酬。我们可以利用规模报酬不变的条件把生产函数写成集约形式：

$$Y = D \cdot f(M/D) \qquad (3.7)$$

如果定义 $A = f$（M/D）为一个常数，则（3.7）式具有 $Y = AD$ 形式（类同于内生增长理论的 AK 模型），只不过此处配置型投入是包括资本在内的更广义投入，如果在配置型投入中不考虑土地要素，则配置型投入恰好为物质资本 K。而激励型投入包括管理和劳动，从两者的数目（人数）来看，管理仅仅指具有企业家才能的企业家，其人数相对劳动力人数比例很小，几乎可以忽

略不计（把企业家以外的管理者当作劳动计）。

产出可以在一对一的基础上被用于消费、在配置型投入上的投资或激励型投入上的投资。令 R_D 和 R_M 是竞争性企业为使用两种投入所支付的租金价格。在不存在进入壁垒的情况下，企业相互之间的竞争将驱使利润降为 0。则利润最大化以及零利润条件就意味着每种投入的边际产品等于其租金价格：

$$\partial Y / \partial D = f(M/D) - (M/D) \cdot f(M/D) = R_D \qquad (3.8)$$

$$\partial Y / \partial M = f(M/D) = R_M \qquad (3.9)$$

在不考虑土地要素和忽略不计企业家数量的前提下，$Y = AD$ 可以写成 $Y = AK$ 形式，因此可得企业的线性生产函数

$$y = f(k) = Ak \qquad (3.10)$$

（3.10）式中 $y = Y/L$，$k = K/L$，L 是包括除企业家在外的一般管理者在内的劳动投入，K 仅仅指物质资本，因此 k 即是在企业家激励下的每一个劳动者所拥有的物质资本，变量 k 既包含了被配置的过程，也包含了被激励的过程，是一个存在于管理要素作用之下的物质资本均值。激励过程不断地挖掘劳动者的潜能，由于激励过程的存在，配置于每个劳动的物质资本不一定报酬递减。因此，管理投入保证了资本报酬非递减的性质。于是有，在（3.10）式中 $A > 0$，同时 k 的边际产品不是递减的（$f'' = 0$），且稻田条件被违反，即当 k 趋于零或无穷大时 $f'(k) = A$。

利润最大化的条件要求作为配置型投入的物质资本的边际产品等于租金价格 $R_D = r + \delta$，其中 δ 表示物质资本存量不变的折旧速度，R_D 是物质资本服务的租金价格。那么拥有一单位资本的一个家庭的净收益率为 $R_D - \delta$。一个家庭也可以把这一单位资本贷给其他家庭，从而获得利率 r。既然资本和贷款作为价值储存手段可完全替代，因此就有 $R_D = r + \delta$。由于作为激励型投入的劳动的边际产品为 $R_M = f(M/D)$，工资率为 w，利润最大化的条件也要求作为激励型投入的劳动的边际产品等于租金价格 即 $R_M = w$。于是有

$$r = R_D - \delta \qquad (3.11)$$

$$w = R_M \qquad (3.12)$$

三、均衡

假定上述消费行为和生产行为存在于一个封闭经济中，于是有人均资产 $a = k$ 成立。把 $a = k$，$r = R_D - \delta$ 和 $w = R_M$ 代入（3.2），（3.4）和（3.5）式，得到

$$\dot{k} = (R_D - \delta - n)k + R_M - c \qquad (3.13)$$

$$\frac{\dot{c}}{c} = (1/\theta)(R_D - \delta - \rho) \qquad (3.14)$$

$$\lim_{t\to\infty}\{k(t) \cdot e^{-(RD-\delta-n)t}\} = 0 \qquad (3.15)$$

由（3.14）式可知，如果0时的人均消费水平为 c（0），则 t 时的人均消费为：

$$c(t) = c(0) \cdot e^{(1/\theta)(RD-\delta-\rho)t} \qquad (3.16)$$

其中初始消费水平 c（0）有待确定。以上（3.13）和（3.14）式与横截性条件（3.15）式决定了每个时点上的 c 和 k 配置比例变动的时间路径。

假设生产函数的生产性可以确保 c 的增长，同时其生产性又不可能产生无界效用，即存在：

$$R_D > \rho + \delta > [(1-\theta)/\theta] \cdot (R_D - \delta - \rho) + n + \delta \qquad (3.17)$$

其中 $R_D > \rho + \delta$ 意味着消费增长率大于0，而 $\rho - n > [(1-\theta)/\theta] \cdot (R_D - \delta - \rho)$ 条件存在意味着所能达到的效用是有界的，且横截性条件成立。

四、转移动态

把 c（t）由（4.16）式代入（4.13）式，得：

$$\dot{k} = (R_D - \delta - n)k - c(0) \cdot e^{(1/\theta)(RD-\delta-\rho)t} \qquad (3.18)$$

解这个关于 k 的一阶线性微分方程，得通解为：

$$k(t) = (常数) \cdot e^{(RD-\delta-n)t} + [c(0)/\varphi] \cdot e^{(1/\theta)(RD-\delta-\rho)t} \qquad (3.19)$$

其中

$$\varphi = (R_D - \delta)(\theta - 1)/\theta + \rho/\theta - n \qquad (3.20)$$

条件（3.17）意味着 $\varphi > 0$。把（4.19）式的 k（t）代入（3.15）式的横截条件之中，则有

$$\lim_{t\to\infty}\{常数 + [c(0)/\varphi] \cdot e^{-\varphi t}\} = 0 \qquad (3.21)$$

由于 $\varphi > 0$，（3.21）式中括号内第二项收敛到0。因此横截性条件要求这个常数为0。当常数为0时，由（3.16）和（3.19）式，可知产出 y、人均物质资本 k 和消费 c 都以速度 $(1/\theta)(R_D - \delta - \rho)$ 增长。可以看出，决定增长率的因素主要是 R_D、ρ、δ 和 θ，同时这些因素也影响了 c 和 k 的水平。而人口增长率 n 的变化却不会影响人均增长率，但会使人均消费水平减少。

由分析可知，在上述两部门经济的增长模型中，配置型投入的租金价格 R_D 是决定增长率、消费和人均物质资本水平的关键能动因素。由（3.8）和

（3.9）式可知，R_D 的大小受激励型投入的租金价格 R_M 和 A 值及两种投入组合比例（M/D）大小影响。相同条件下，如果反映技术水平的 A 值越大，支付给激励型投入的租金价格 R_M 或两种投入组合比例（M/D）越小，则 R_D 会越大。但是，从企业的生产函数可知，租金价格 R_M 值的大小由生产技术决定，可以变化的是两种投入组合比例（M/D）值的大小。

在前述不考虑土地要素和忽略不计企业家数量的条件下，两种投入组合比例（M/D）实际上就是劳动和资本的组合比例（L/K），也就是说，减小 L/K 的比值可以提高租金价格 R_D，从而促进经济增长率。由于我们考虑了生产模型中管理投入的激励作用和配置作用，L/K 的比值的变化可以通过管理投入的作用来实现。如果管理投入加强了对激励性投入即劳动的激励作用，充分利用和挖掘劳动力的人的潜能以使单位劳动的生产率提高，那么在物质资本配置不变的前提下也可以实现 L/K 的比值的变小，从而提高产出增长率。

上述分析是对两部门经济进行的分析，一些限制条件非常严格，使得模型分析不具普遍的实践意义。但是分析过程和结果显示，在生产模型中加入管理要素，把投入要素区分为激励性投入和配置型投入，对于分析生产效率的来源是一个有用的思路，同时也扩展了经济增长的内生化因素，为经济长期增长从管理投入方面寻求一个有力措施，因此理论上的这种尝试是很有意义的。下一步我们将在两部门模型基础上加入政府部分展开分析，以便尽可能接近生产实际。

第四节　三部门经济均衡增长模型

假定政府对产出水平及产出增长率的主要影响机制是政府的支出影响了企业私人生产率。政府制定好的产权制度对知识的保护、政府对经营成功的企业家的奖励、我国转型制度背景下政府对企业家社会地位的高度认可等等因素都会提高企业家的努力程度，从而提高企业产出率，最终影响长期经济增长率。正如在 AK 模型中，能改变基本技术水平 A 的任何因素都能影响到长期增长率，政府对企业家的影响也会最终改变 A 所代表的技术水平。

以下在上述两部门经济的基础上，分析一个包括家庭、企业和政府的三部门经济行为。

一、家庭部门

为了便于简化分析，这里不考虑人口因素的变化，家庭行为同样满足上述两部门经济中的条件，假定无限寿命的家庭最大化效用由下式给出：

$$U = \int_0^\infty e^{-\rho t} \cdot \left[\frac{c^{(1-\theta)} - 1}{(1 - \theta)} \right] dt \qquad (3.22)$$

$$s.t. \quad \dot{W} = (1 - \tau)(Y(t) + rB(t)) - C(t) \qquad (3.23)$$

同样，$\rho > 0$ 表示时间偏好率，$u(c) = \dfrac{c^{(1-\theta)} - 1}{(1 - \theta)}$ 是不变跨期替代弹性效用函数，其中 θ 是跨期替代弹性。考虑政府对家庭私人资产的影响，假定政府发行的公债由家庭购买，政府支付给家庭公债利息，同时政府向家庭收入按一定比例 (τ) 征收税收。于是家庭资产收入由产出 Y 和公债利息 rB 组成，即 $W = Y(t) + rB(t)$。r 为利率，B 为公债，$\tau \in (0, 1)$ 表示收入税率，不考虑家庭私人资产的折旧。所以家庭净资产在某时刻的变化用对时间的导数 $\dot{w}$ 表示，即 (3.23) 式。

二、政府部门

假设政府的收入包括两部分：一部分是政府发行的债券或公债构成的资产，用 $B(t)$ 表示；另一部分是国家的税收，假设国家按照税率 τ 征收税收，$T(t)$ 表示时间 t 的税收收入。政府支出包括三个部分：一、用于支付政府债券或公债的利息，我们用 $rB(t)$ 表示，r 为利率；二、用于支持企业经营发展的激励投入资金 $E(t)$；三、用于社会发展提供的公共品，用 $G(t)$ 表示。我们假设折旧率为 0，则政府的预算约束为：

$$B(t) + T(t) = rB(t) + G(t) + E(t) \qquad (3.24)$$

其中，$G(t) = \varphi(t)$，φ 是预算支出率，$T(t) = \tau(rB(t) + Y(t))$。

政府政策的可持续性要求政府行为满足非蓬齐对策（Ponzi Game）约束，即：

$$\lim_{t \to \infty} e^{-\int_0^t r(\tau) d\tau} B(t) = 0 \qquad (3.25)$$

三、生产部门

生产函数参照 A. Greiner（2008）的 C - D 形式，并加入政府部门，具体如下：

$$Y(t) = K(t)^\alpha (vhL(t))^\beta G(t)^{1-\alpha-\beta} \qquad (3.26)$$

$K(t)$ 和 $L(t)$ 分别表示配置型投入和激励型投入，α 与 β 分别表示生产要素投入中配置型投入与激励型投入的份额，h 表示单位劳动力所付出的劳动努力程度，v 表示企业家对劳动力的激励参数。在此生产函数中配置型投入会遵循边际报酬递减规律，然而，激励型投入由于其潜能可以通过激励得以发挥，其边际产出可能会呈现报酬递增的特征。因此，生产函数总可以出现规模报酬不变的情况，为便于简化分析，假定生产函数规模报酬不变。

四、企业家对劳动力的激励函数

在考虑企业家对劳动进行激励的经济体中，初始劳动力的有效劳动量受自身努力程度和企业家激励能力的影响。一方面，家庭部门在个人利益最大化的驱动下，会最优地选择劳动的时间和精力即努力程度，劳动者根据企业生产中企业家给予的激励投入比例，调整自身的付出。另一方面，政府也会对企业家经营和生产效率进行扶持，如提供物质奖励、对企业家和管理者培训进行补贴等。例如，我国有部分地方政府给经营成功的企业家高额奖励，安徽省霍邱县曾出资 6 亿元人民币奖励一家民营企业。[①] 可见，企业家对劳动者的激励既有内在动力，又有外部动力，内在动力是企业家对企业利润最大化的追求，外在动力是政府愿意为企业家激励提供支持和投入，因此，企业家对劳动力的激励函数是长期存在的。

考虑到生产部门 C－D 生产函数的形式，我们把劳动投入正规化为 1，即 $L(t) \equiv 1$。因此企业家对劳动力的激励函数，即任一时点上劳动努力程度的供给可以写为：

$$\dot{h} = \varepsilon(vh)^{\gamma}E^{1-\gamma} \qquad (3.27)$$

$\varepsilon > 0$ 为技术参数，$\gamma \in (0, 1)$ 表示企业家对劳动激励实现的努力程度系数，E 表示额外的企业家激励因为政府激励投入而产生的部分。

根据上述家庭行为和政府行为的假定，总效用应该是家庭私人消费品和公共品的函数，因为家庭在私人消费之外，还消费了政府提供的公共品，因此借用巴罗（Barro，1990）的效用函数为：

$$U(C,G) = \frac{c^{(1-\theta)}-1}{(1-\theta)} + \frac{G^{(1-\theta)}-1}{(1-\theta)} \qquad (3.28)$$

$U(C, G)$ 满足上述 $U(C)$ 函数的所有特征。综合家庭私人预算约束 （3.23）和政府预算约束（3.24），可得：

---

① 2009 年 7 月 10 日，安徽省霍邱县第十五届人民代表大会常务委员会第 21 次会议听取并审议了《霍邱县人民政府关于提请批准给予安徽大昌矿业集团有限公司奖励及有关事宜的报告》，会议通过决议，同意奖励安徽大昌矿业集团有限公司 6 亿人民币。而霍邱县 2008 年财政收入仅为 7.05 亿元。资料来源：http://www.china.com.cn/news/local/2009-07/17/content_18158044.htm，2009 年 7 月 17 日。

$$\dot{K}(t) = (1 - \tau\varphi)Y(t) - \tau\varphi rB(t) - E(t) - C(t) \tag{3.29}$$

五、均衡分析

在此三部门经济体中，决策主体的最优路径可通过构造最优控制问题，求解现值汉密尔顿函数得到。

最优控制问题表示如下：

$$\max\int_0^\infty \left(\frac{c^{(1-\theta)} - 1}{(1 - \theta)} + \frac{G^{(1-\theta)} - 1}{(1 - \theta)} \right) \cdot e^{-\rho t} dt \tag{3.30}$$

$$s. \ t \ \dot{K}(t) = (1 - \tau\varphi)Y(t) - \tau\varphi rB(t) - E(t) - C(t) \tag{3.31}$$

$$\dot{h} = \varepsilon(vh)^\gamma E^{1-\gamma} \tag{3.32}$$

现值汉密尔顿函数为：

$$H(\cdot) = \frac{c^{(1-\theta)} - 1}{(1 - \theta)} + \frac{G^{(1-\theta)} - 1}{(1 - \theta)}$$
$$+ \sigma_1[(1 - \tau\varphi)Y - \tau\varphi rB - E - C] + \sigma_2[\varepsilon(vh)^\gamma E^{1-\gamma}] \tag{3.33}$$

求解 $H(\cdot)$ 函数的三个一阶条件，即：

（1）每期消费都必须使 H 最大化，即 $\frac{\partial H}{\partial C} = 0$ 和 $\frac{\partial H}{\partial G} = 0$，有：

$$\frac{\partial H}{\partial C} = C^{-\theta} - \sigma 1 = 0 \tag{3.34}$$

$$\frac{\partial H}{\partial G} = G^{-\theta} + \sigma_1(1 - \alpha - \beta)(1 - \tau\varphi)K^\alpha(vh)^\beta G^{-\alpha-\beta} = 0 \tag{3.35}$$

（2）描述配置型投入也是家庭资产的影子价格 $\sigma 1$ 和激励型投入的影子价格 $\sigma 2$ 行为的转移动态，即欧拉方程，为 $\dot{\sigma}_1 = -\frac{\partial H}{\partial K}$ 和 $\dot{\sigma}_2 = -\frac{\partial H}{\partial h}$，有：

$$\dot{\sigma}_1 = -\frac{\partial H}{\partial K} = -\sigma_1 \cdot \alpha \cdot (1 - \tau\varphi)K^{\alpha-1}(vh)^\beta G^{1-\alpha-\beta} \tag{3.36}$$

$$\dot{\sigma}_2 = -\frac{\partial H}{\partial h} = -\sigma_2\varepsilon\gamma v^\gamma h^{\gamma-1}E^{1-\gamma} \tag{3.37}$$

（3）横截性条件（转移条件）为：

$$\lim_{t\to\infty} e^{-\rho t} \cdot \sigma 1(t)W(t) = 0 \tag{3.38}$$

这里仅仅考虑家庭效用最大化的限制条件，对于政府提供的公共品，不考虑政府期末价值为 0 的情况，因此，横截性条件表现为家庭在期末资产价值为 0。

由一阶条件的（3.30）和（3.32）式可得家庭消费增长率：

$$\frac{\dot{C}}{C} = \frac{1}{\theta} [\alpha \cdot (1 - \tau\varphi)K^{\alpha-1}(\nu h)^{\beta}G^{1-\alpha-\beta} - \rho] \qquad (3.39)$$

从（3.39）式可以看出，均衡消费增长率为正的条件为时间偏好率又称消费贴现率 ρ 小于配置型投入的边际产出。因此在时间偏好率 ρ 不变的条件下，提高配置型投入的边际产出可以拉动社会消费增长。

显然，在平衡增长路径上，人均消费、人均物质资本、人均激励型投入、人均产出的增长率是相同的，即：

$$\eta = \frac{\dot{C}}{C} = \frac{\dot{K}}{K} = \frac{\dot{h}}{h} = \frac{\dot{Y}}{Y} - \frac{1}{\theta} [\alpha \cdot (1 - \tau\varphi)K^{\alpha-1}(\nu h)^{\beta}G^{1-\alpha-\beta} - \rho]$$

$$(3.40)$$

由生产函数可以知道，配置型投入的边际产出为：

$$\frac{\partial Y}{\partial K} = \alpha K^{\alpha-1}(\nu h)^{\beta}G^{1-\alpha-\beta} \qquad (3.41)$$

配置型投入边际产出的大小受激励型因素即企业家激励能力和劳动努力程度、政府公共投入等因素影响，提高激励投入和政府公共支出可以带动消费增长，从而也带动经济增长。

从平衡增长率 η 的决定式（3.40）中可以看出，影响经济平衡增长路径的因素主要有家庭效用偏好、政府公共投入、企业家激励能力和劳动努力程度、配置型投入量及其产出弹性等。

首先，平衡经济增长率 η 是 θ 和 ρ 的减函数，意味着在其他条件不变的情况下，家庭对当前的消费偏好程度越大、对消费波动或者风险厌恶程度越高，则家庭会越倾向于增加当期消费，从而增长率会降低，因此，在家庭消费趋于增长的情况下，提高经济增长率和消费增长率需要提高物质资本即配置型投入的边际产出能力。其次，平衡经济增长率 η 是 v 和 h 的增函数，即企业家的激励能力、政府的激励投入和劳动者的努力程度越高，则经济增长会越快。再次，值得注意的是政府公共支出的增长也会提高经济增长率。政府在改善企业经营环境、维持良好竞争秩序方面的支出，可以减少企业家在此方面所需的投入和精力，因此企业家可以集中投入提高企业资源配置和激励的效率，进而提高经济增长率。最后，物质资本即配置型投入在产出中的贡献受投入量和资本产出份额的影响，劳动量一定时，物质资本不宜过多投入，受产出份额的影响（$\alpha - 1 < 0$），物质资本过多会降低经济增长率，所以需要恰当配置物质资本和劳动力。作为激励型投入存在的劳动力，其潜力的发挥和激励效率的提高必

须以一定量的物质资本为基础。

在生产函数中，vh 所产生的作用是管理要素实现的，这种函数形式更加重视管理要素的激励功能和配置功能在生产中的作用。理论界对生产要素进行资本和劳动的分类存在缺陷，因为人力资本的存在，无法很明确地区分人力资本是从属资本范畴，还是从属劳动范畴。作为资本，人力资本是劳动力所拥有的，把人力资本作为劳动，它又是以资本的形式发挥作用的。因此，从有能动性的管理要素出发，根据管理要素的激励性和配置性，把投入区分为激励型投入和配置型投入，可以更好地认识两类要素的作用。特别是在知识日益增长的现代经济社会，劳动潜能对增长的潜在影响不可忽视。一定意义上，投入不变的前提下，在遵循收益递减规律的物质资本对利润增长的贡献有限的条件下，劳动投入这种可以激励、可以挖掘潜能的投入是实现利润增长的唯一源泉，当然这必须以企业家的激励为前提。

第五节　本章小结

内生增长理论自产生以来，一直致力于解释经济增长中 TFP 的来源，然而，由于内生增长理论学家所发展的各类内生要素，并没有为生产效率的主要部分提供解释，技术进步内生化的部分也是十分有限的，以致增长核算中无知的索洛剩余并没有得到全面和有力的解释。针对内生增长模型的上述缺陷，本书根据管理要素的激励功能和配置功能，把要素投入区分为激励型投入和配置型投入，结合企业家激励能力和劳动者付出的劳动努力，分别构建了两部门经济和三部门经济内生增长模型。利用两部门模型分析了激励型投入和配置型投入在增长中的作用，利用三部门模型分析企业家激励能力和劳动者努力程度、政府对企业家激励投入在均衡增长中的作用。

本章研究的主要结论在于：作为激励型投入的劳动和作为配置型投入的资本组合比例（L/K）的变化会带来经济增长率的变化。由分析可知，减小 L/K 的比值可以提高配置型投入的租金价格 R_D，从而促进经济增长率。也即是说，K/L 的比值增加会带来经济增长率的提高，但由于我们考虑了生产模型中管理投入的激励作用和配置作用，K/L 的比值的变化可以通过管理投入的作用来实现。如果管理投入加强了对激励型投入即劳动的激励作用，充分利用和挖掘劳动力的潜能以使单位劳动的生产率提高，那么在物质资本配置不变的前提下也可以实现 K/L 的比值的变大，从而提高产出增长率。不同于资本深化理论，这里劳均资本（*K/L*）变大不是通过资本投入的无限扩大实现的，而是通过管理激励提高劳动效率，从而实现单位产出所需劳动量的减少实现的。

而且，在考虑政府部门作用的前提下，作为配置型投入的物质资本，其边际产出的大小受激励型因素即企业家激励能力和劳动努力程度、政府激励性投入等因素影响，提高激励投入和政府公共支出可以推动经济增长。可能的创新性在于把管理投入引进内生增长模型，并由此把生产要素投入区分为激励型投入和配置型投入，突出生产效率源自管理要素对劳动激励这一特征事实，从而可以避免由于人力资本概念的不清晰而造成的理论混乱。最终为把管理要素引入内生增长模型提供了一个可能的创新性思路。

第四章

管理要素对技术进步的促进作用：技术进步内生化及其变动规律检验

李京文和郑友敬（1989）通过考察中国自 20 世纪 50 年代以后 20 多年的技术进步情况，证实了"技术进步没有给中国工业生产率带来丝毫提高，这说明，没有良好的管理、没有使用这些技术手段的人的积极性，再先进的技术也不能发挥作用"[1]。而 James Riedel 等对中国 1979 ~ 1998 年期间的 TFP 增长率的估算，认为："如果把未进行充分缩减的工业产出、劳动力离开农业生产的再分配、劳动力受教育程度的提高等因素所发挥的作用都计算在内，则上诉学者所估计的全要素生产率增长的数值就无法为正。如果这些研究将以下因素发挥的作用考虑在内，即：对从国有企业中解放出来的，并转移至更具活力的乡镇企业中的劳动力的再分配，对从农业中及国有企业中分离出来的资本的再分配，那么所有研究中已经测算出的中国过去 20 年来的全要素生产率增长率将无疑是负的。关于增长核算的研究中所提供的统计的现实就是中国的科技水平并没有提高，而且还有可能是下降了。我们看到的这些东西，却不能相信它。"[2] 可见，中国自 20 世纪 50 年代以来，技术进步对经济增长的贡献大小还是一个颇有争议的问题。因此，有必要讨论技术进步的作用机制和各种实现形式。

《经济学百科全书》在解释技术词条时认为，技术要素是指制造某项产品、应用某项工艺或提供某项服务的系统知识。技术要素的表现形态可以是文字、表格、数据、配方等有形形态，也可以是实际生产经验、个人的专门技能等无形形态。"一般来说，技术进步具有促进生产要素的边际产品递增的作用。因而技术进步对一既定的要素利用水平会引起产出递增。考虑技术时主要的问题集中在两方面：这种技术变革的形式和潜在的中性。"在一个经济体

---

① 参见李京文和郑友敬：《技术进步与产业结构——选择》，经济科学出版社，1989 年版，第 17 ~ 18 页。

② 参见 James Riedel、金菁、高坚：《中国经济增长新论：投资、融资与改革》，北京大学出版社，2007 年版，第 19 ~ 24 页。

中，资本和劳动力是技术的主要载体，技术进步对资本和劳动力起到重要的促进作用。在劳动密集型或资本密集型生产中，技术往往可以被部分替代，如通过较多数量的劳动力可以替代某一种并不复杂的技术；但在技术密集型生产中，技术却往往是劳动力的数量无法替代的。经济越发达，社会越进步，技术的作用就越是无法替代，技术对于经济社会发展的意义也就更为重要，因此经济增长理论把技术进步作为经济增长的源泉。

而知识与技术有密切的联系，技术是知识的重要组成部分，它是知识的物化，不仅体现在设备的生产率上，而且也体现于劳动者的生产率上，或者说体现在劳动者在"干中学"中积累的生产经验和生产技能上。实际上，知识不仅包括体现于投入要素生产率的生产技术水平上，它还包括研究与开发所产生的新知识，管理过程中个人和组织在彼此交流中所获得的共享知识等，这些都是一种隐性的广义知识，是不可观测和度量的。由于我们把管理要素界定为一种知识性资源，技术进步会因为管理要素积累的知识而得以实现。因此有必要讨论管理要素对技术进步的促进作用。

第一节 技术进步的内生化进程

关于技术进步，古典增长理论和新古典增长理论就已经有较多的论述，其中主要包括希克斯、哈罗德和索洛等对技术中性的论述。索洛计算的广义技术进步即非体现型的技术进步是在技术中性的假设之下计算的结果。希克斯将技术进步类型的标准定义为：给定要素密集度即资本劳动比不变，在技术进步前后，如果要素边际技术替代率增大，则技术进步为劳动节约型（或资本偏向型）；如果要素边际技术替代率减小，则技术进步为资本节约型（或劳动偏向型）；如果要素边际技术替代率不变，则技术进步为中性的。也就是说，对于生产函数 $Y = F(K, L, t)$，如果将要素边际技术替代率表示为：$p(t) = \dfrac{F_K}{F_L} = \dfrac{r}{w}$，限制条件为要素密集度不变，即 k 给定，则 $\dot{p} = \dfrac{dp}{dt} > 0$，说明技术进步是资本偏向型（或劳动节约型）的；如果 $\dot{p} < 0$，说明技术进步为劳动偏向型（或资本节约型）的；如果 $\dot{p} = 0$，则技术进步为中性的。

索洛的技术进步类型为：给定劳动产出比不变，在技术进步前后，如果劳动的边际产出提高了，则技术进步为资本节约型（或劳动偏向型）；如果劳动的边际产出减小了，则技术进步为劳动节约型（或资本偏向型）；如果劳动的边际产出不变，则技术进步为中性。如果将劳动产出比表示为：$g(t) = \dfrac{L}{Y} = \dfrac{1}{y}$，在 g 给定的条件下，如果 $\dfrac{dw}{dt} > 0$，则技术进步为劳动偏向型的；如果 $\dfrac{dw}{dt} < 0$，则技术进步为资本偏向型的；如果 $\dfrac{dw}{dt} = 0$，则技术进步为索洛中性的。其中 w 为劳动的价格工资。

哈罗德将技术进步定义为：给定资本产出比不变，在技术进步前后，如果资本的边际产出提高了，则技术进步为劳动节约型（或资本偏向型）；如果资本的边际产出减小了，则技术进步为资本节约型（或劳动偏向型）；如果资本的边际产出不变，则技术进步为中性。将资本产出比表示为：$v(t) = \dfrac{K}{Y} = \dfrac{k}{y}$，在 v 给定的条件下，如果 $\dfrac{dr}{dt} > 0$，则技术进步为哈罗德资本偏向型的；如果 $\dfrac{dr}{dt} < 0$，则技术进步为哈罗德劳动偏向型的；如果 $\dfrac{dr}{dt} = 0$，则技术进步为哈罗德中性的。其中 r 为资本的价格利息率。

在哈罗德技术进步类型中，当劳动力和资本正在生产一种产品且存在哈罗德中性技术进步时，可能会使工资和利润的提高同产出的增长成正比。从这一点来说，资本—产出比率不变的假定意味着资本存量和劳动力按相同的比率增加。如果技术进步是节省资本的，在利率不变的情况下，国民产出中的劳动力的份额就会提高，而资本的份额可能会降低。相反，在利率不变的情况下，节省劳动力的技术进步将降低国民产出中的劳动力的份额，而提高资本的份额。

哈罗德中性可以用生产函数形式表示为：$Q = F(K, A(t)L)$。其中，Q 是 K 和 $A(t)L$ 的函数，这表明在规模收益率不变的情况下，资本（K）和实际劳动力单位（$A(t)L$）的等比例提高，一定会导致国民产出 Q 的等比例提高。在利率不变的情况下，整个经济中的劳动效率提高。哈罗德中性技术进步增加了每个人能做的工作数量。其结果是在人口增加和哈罗德中性技术进步的情况下，GNP 按既定的比率提高。哈罗德中性这种构想被认为是"纯粹劳动力促进的技术进步"。

实质上，在技术发展的历史过程中，企业生产技术的变化，总的来说是朝着节约劳动者的劳动时间和减少劳动强度的方向发展。因此引入总量生产函数的技术进步应该是劳动增加型的技术进步即哈罗德中性技术进步。并且要使经济增长模型存在稳态平衡增长路径，技术进步也必须是劳动增加型的（罗伯特·巴罗，1995）。这个过程使劳动者的自由时间增加，劳动努力供给程度可以提高，如果通过管理的投入，予以最佳的激励，劳动要素的产出效率会提高，产出中劳动投入的产出贡献得以增加。经过一个较长的时间周期，如果这种激励持续下去，这些能力的供给可以并会通过总结处理经济环境变迁的经验和技巧而获得增加，或通过培训和教育等方式对这种形式的人力资本进行投资而增加。李荻（2003）则认为从收入分配的角度看，以上三种外生的技术进步在内在逻辑上是一致的，三种技术类型不同之处仅仅在于观察的角度，并对三种技术进步逻辑的内在一致性进行了详细证明。

上述三种技术进步的中性概念都讨论了生产中资本和劳动在技术进步中的变化情况，总体上说，三种类型的中性技术进步都实质上表现为资本和劳动的配合比例及其边际报酬按相同比例增长。中性技术进步实则为非体现型的技术进步，即既没有通过资本的产出贡献增长体现，也没有通过劳动的产出贡献增长体现。实际经济中也会经常存在这样一种现象，即在资本和劳动投入比例不变的条件下，总产出增长速度超过资本和劳动投入增长速度，究其原因，这个过程可能就是非体现型技术进步在起作用。非体现型技术进步对经济增长的贡献既不是资本，也不是劳动，那么在资本投入和劳动投入之外会是什么因素在起作用呢？为了解答此类问题，我们尝试引入另外一个生产要素即管理要素，并分析其在经济增长中作为非体现型技术进步的作用特征。

当劳动力和资本正在生产一种产品且存在哈罗德中性技术进步时，可能会使工资和利润的提高同产出的增长成正比。从这一点来说，资本—产出比率不变的假定意味着资本存量和劳动力按相同的比率增加。这就是说，资本家的收入可能同工人的工资具有相同的提高速度。如果技术进步是节省资本的，在利率不变的情况下，国民产出中的劳动力的份额就会提高，而资本的份额可能会降低。相反，在利率不变的情况下，节省劳动力的技术进步将降低国民产出中的劳动力的份额，而提高资本的份额。

由此可见，在技术中性的讨论中，技术进步可以分为劳动增加型、资本增加型、劳动和资本均等增加型即中性技术进步三种类型。然而内生增长理论主要重视技术进步对于经济增长的作用，并认为由知识积累或人力资本积累引起的内生技术进步是经济增长的源泉。正如第一章文献综述部分所述，大多数新增长模型都着重考察技术进步得以实现的各种机制，考察技术进步的各种具体表现形式：诸如产品品种增加、产品质量升级、边干边学、人力资本积累、知识积累、技术模仿等。

罗默关于内生技术进步的主要思想就在于以下方面：1. 技术进步在经济增长中扮演着核心角色，技术进步为持续的资本积累提供了激励；2. 技术的标志性特征是，使用它的边际成本接近于零，因而开发或引进一项新技术相当于投入一个固定成本。在此基础上，罗默认为技术在本质上是非竞争的，但是在产权上它是部分排他的。部分排他是指技术在研究开发部门可以被自由使用，因而是非排他的；但是在中间产品生产部门，技术将收到专利的保护，因而是排他的。罗默认为，企业通过研究活动可以生产出新的技术知识，当这些知识不断地被投入到生产中时，生产就会体现出报酬递增的性质，经济也可以不依赖外部力量而保持持续的增长。在这些理论中，技术进步来自于有目的的研究活动，研究的成本由技术产品的垄断租金予以补偿。由于不断有新的技术被生产出来，经济在长期中就能始终保持一个正的增长率。

理论界在上述文献的基础上，又分别界定了体现型技术进步和非体现型技术进步。体现型技术进步（*Embodied Technical change*）是在它能对经济的产出增长率起作用之前，它必须在物质上已经包括在新生产出来的资本品之中，或者同新训练和教育出来的工人结合在一起。而"非体现型技术进步"（*Disembodied Technical Change*）是指在没有任何新投资的情况下，即假定资本存量是完全同质的，利用不变的投入生产出更多的产出，例如，组织改进这样的技术进步就是一种不体现的技术进步，因为不必体现于新生产出来的资本品或新训练、教育出来的工人之上，它就产生利益。只要是属于不体现的技术进步，在理论上就有可能假定劳动力是同质的，因为不管年龄、训练程度和教育状况如何，技术进步将使一切工人的生产率都同比例地受益。

内生增长理论把技术进步内生化的部分，也只是体现型技术进步，即资本体现型技术进步和劳动体现型技术进步，然而，还有一部分无法由物质资本和劳动力物化的技术进步，即非体现型技术进步仍然外生于经济增长，因此，已有的内生增长理论内生化技术进步的工作是不全面的，为此，本章引入管理要素，分析管理投入在技术进步中的可能作用。

第二节　管理投入：技术进步的一种实现机制

上述关于技术进步实现机制的各种增长理论，都忽视了企业家才能的发挥和组织形式的改进等方面对技术进步的重要作用。在罗默的上述理论中，企业进行研发投入的动力和促进新的技术知识生产出来的机制等问题并没有得以解决，在罗默知识溢出模型中，知识是投资的副产品，知识的增长仍然是外生的。而这些问题的解决必须考虑企业家的职能和组织形式的改进。某种意义上说，管理投入实质是技术进步的一种重要实现机制。

按照《新帕尔格雷夫经济学大辞典》对"技术进步（Technical Change）"的解释："技术进步是竞争过程的一个组成部分，在这一进程中技术获得了经济影响或份量，企业家和企业经营利润则起着关键作用。……在讨论技术进步时，特别重要的是要承认大多数变化发生在反映劳动分工的投入—产出关系结构内。……机器制造业发生的技术进步，就可能因此改变把这种机器作为投入的其他部门的相对得利能力，在其他部门内也能引起工序的诱发变化。通过这种途径，任何机器制造业技术进步的影响所及就会大大超过这里所讨论的生产活动范围。……技术进步节省基本投入的倾向既取决于技术进步的性质，又取决于它们在经济结构中的地位。"可见技术变化的过程必须重视企业家的作用、生产过程的投入产出关系和经济结构的特点。管理要素在经济中起作用的方式主要是两种形式：（1）企业家能力对其他要素的配置效率和激励效率的增进；（2）组织形式的改进对投入产出关系和微观组织经济结构的优化。企业家才能是管理要素核心组成部分，管理是对企业全部生产要素的"组织"活动，而企业家就是管理要素的"灵魂"。

企业家作为企业内部的最高领导者，其首要的任务是对企业内部的其他生产要素进行组织协调、全盘配置，以最大限度地发挥各种生产要素的作用，通过组织的改进，克服企业中存在的非效率和低效率问题。企业和劳动要素之间的契约关系就是劳动合同。但企业购入的是劳动时间，而生产需要的却是劳动努力。劳动时间和努力程度之间没有固定替代关系，因而这种劳动合同总是不完善的。因为企业购买的劳动时间和生产需要的劳动努力是不同的，甚至有巨大差异，企业不可能自动地将投入转变为技术最优的产出率，因此企业家必须通过各种激励手段来提高劳动的努力程度。

在不体现的技术进步中，产出的增加既不是来自于劳动投入的增加，也不是来自于资本投入的增加，其原因可以归于管理要素对效率的促进作用，可能是企业家对劳动的激励增加了劳动努力的供给，提高了劳动力的精神动力，也可能来自组织形式的改进改善了投入产出关系或优化了经济结构。但是在增长理论中，管理要素对效率的贡献被统统归入"索洛余值"，当作广义的技术进步。人们在利用要素使用效率对经济增长贡献的研究中把全要素生产率看做一个非常重要的部分，但是并不明确全要素生产率是如何构成的。如果技术进步是全要素生产率产生的所有原因，那么对效率存在贡献的管理要素就成为技术进步的一种实现机制。

而如果从技术进步的实现过程来看，管理要素投入过程就是技术进步得以实现的一种机制。企业家获得企业剩余。出于对利润最大化的追求，企业家会把剩余用于创新和改善生产方式上来，从而使企业生产效率提高。企业家在生产过程和经营过程中，通过发现创新和变化的机会来获取剩余，企业家的一个非常重要的能力是在变化过程中对能带来收益的新变化进行经验总结，形成可以指导下一次重复出现事件的知识，实现隐性知识向显性知识的转化，使得决策从非常规方面向常规方面转变，从而提高决策的效率。效率的提高直接带来剩余的增加，从而有更多投入用于创新和生产方式的改进，最终获得技术进步。从这个意义上说，我们可以把管理要素当做技术进步和效率的一种实现机制。

第三节　技术进步中要素产出弹性关系规律及其检验

一、技术进步中要素产出弹性关系的规律性分析

以上分析表明，管理要素作为技术进步的一种实现机制，会带来要素生产率的改进，要素生产率的变化会对宏观生产中要素的综合使用效率产生影响，因此管理要素在产出增长中必然存在贡献。为了保持与现有文献的一致性，我们仍使用新古典的理论和技术。为分析管理要素在经济增长中的贡献，按照马歇尔的生产四要素理论，即可以构建一个包括管理要素投入在内的宏观生产函数。

$$Y = F(L, K, N, M) \tag{4.1}$$

其中，L、K、N、M 分别代表劳动、资本、土地和管理各要素。假定土地不变，生产函数的具体表示形式仍然参照经典 C－D 函数形式，我们放宽规模报酬不变的假定，新的生产函数式为：

$$Y = A_1 K^{\alpha} L^{\beta} M^{\gamma} \tag{4.2}$$

在（4.2）式所表示的函数中，管理要素 M 的贡献部分作为一种不体现的技术进步形式在函数中以 M^{γ} 形式存在。L、K、M 分别代表劳动、资本和管理，α、β、γ 分别代表资本、劳动和管理的产出弹性。对于（4.2）式所表示

的生产函数，我们提出理论假说，即：在正常的市场经济条件下，假定技术进步是中性的高度工业化经济体中，γ 近似等于 β/α，即表明管理投入的产出弹性 γ 与劳动要素的产出弹性 β 成正比，与资本要素的产出弹性 α 成反比的关系。

上述三种要素之间产出弹性关系存在的一个非常明显的理由是，劳动力的潜能非激励难以调度，管理要素对劳动要素的激励作用可以提高劳动要素的产出贡献。而经济学概念中产出弹性是指在其他条件不变的情况下一种生产要素投入量1%的变化所引起的产出变化的百分比，假定1%的劳动投入量变动，由于管理要素的激励对劳动产出贡献的促进作用，必然带来总产出变化的百分比增大。管理要素的边际报酬递增性会使管理要素的产出弹性与劳动要素的产出弹性成正比，而与具有边际报酬递减性的资本要素的产出弹性成反比。

在生产函数（4.2）中，可分别求出劳动和资本的边际产出如下：$\dfrac{dY}{dL} = \beta AK^{\alpha}L^{\beta-1}M^{\gamma}$，$\dfrac{dY}{dK} = \alpha AK^{\alpha-1}L^{\beta}M^{\gamma}$；

则

$$\frac{\dfrac{dY}{dK}}{\dfrac{dY}{dL}} = \frac{\alpha AK^{\alpha-1}L^{\beta}M^{\gamma}}{\beta AK^{\alpha}L^{\beta-1}M\gamma} \qquad (4.3)$$

有

$$\frac{\dfrac{dY}{dK}}{\dfrac{dY}{dL}} = \frac{\alpha L}{\beta K} \qquad (4.4)$$

按照中性技术进步的定义，即在利率或利润率不变的情况下，当资本—产出比率不变时，中性技术进步本身不会改变资本—劳动比率，即 K/Y 不变并且 K/L 比值也不变。假定管理要素投入提高了劳动要素的边际产出[①]，即 dY/dL 的比值得以提高，则（4.4）式等号左边的比值下降，因为中性的技术进步中 K/L 比值不变，则（4.4）式等号右边的 L/K 也不变，要使（4.4）式等号成立，因此必然要求 α/β 比值降低，这就要求或者 α 减少，或者 β 增加。因此，在中性技术进步的条件下，管理要素在生产中的作用表现为与劳动要素的

---

① 技术创新和技术发明对劳动要素边际产出的提高，是一种体现式技术进步类型。与此不同，管理要素以一种不体现的技术进步形式对劳动要素的边际产出产生影响，即管理要素的激励作用在不改变 K/L 比例的前提下可以增进劳动力的劳动努力和精神动力，来提高劳动的产出效率，从而满足技术中性的假定。

产出份额成正比，与资本要素的产出份额成反比。

上述假说之所以成立的原因，实质上是由于管理要素是一种整合和组织其他要素资源、提高要素使用效率的能动要素，而管理的对象主要是人，劳动力或人力资本的可激励特征是管理促进效率的基础，管理要素提高效率的首要途径是与劳动力或人力资本相结合①，因为管理要素对资本、劳动和土地都可以进行配置，但劳动除了有配置效率之外，还有激励效率；多数企业家认为，企业组织中大部分劳动力 70%~80% 的潜能没有充分发挥，而且这种存在于劳动者个体内的潜能非激励难以发挥。美国哈佛大学詹姆士教授在对员工激励的研究中也发现，按时计酬的分配制度仅能让员工发挥 20%-30% 的能力，如果受到充分激励，员工的能力可以发挥出 80-90%，两种情况之间 60% 左右的差距就是有效激励的结果。因此，若劳动要素在产出中的贡献比例越大，将会有更大的劳动力潜能可以通过管理要素的激励而得以挖掘和发挥，从而会使管理要素产生的整体要素使用效率越高，因此生产函数中劳动要素的产出弹性 β 越大，劳动的份额越多，管理要素的激励作用在经济中的作用就越有效率。

管理要素在经济中的这种作用方式，提高了要素的综合使用效率，也就是促进了技术进步。当然，管理要素、劳动要素和资本要素三者间的产出弹性关系会随着工业化程度的变化而变化，并且如果技术进步是非中性的，技术进步改变了 K 和 L 的比值，则 M、K 和 L 之间的产出关系也会变化，这是一个较为复杂的变化过程，因此对其的计量检验应该慎重。

发达国家的经济发展经验已经表明，在工业化后期，劳动要素的产出弹性和劳动在产出中所占份额是资本要素的近三倍，这说明随着经济的发展，最初仅靠资本高投入的增长会逐渐过渡到依靠资本和劳动，特别是劳动投入的增长方式上来，发达国家的"三二一"产业结构、第三产业占有较大的产业份额和使用更多数的劳动力就已经说明了这一点。但由于传统的 C-D 生产函数仅仅分析资本和劳动在经济中的贡献，因此无法反映管理要素在经济增长中的作用。

正如德鲁克所认为，在每个企业中，管理者都是赋予企业生命，注入活力的要素。如果没有管理者的领导，生产要素始终是资源，永远不可能转化为产品。在竞争激烈的经济体系中，企业能否成功和长存，完全要视管理者的素质与绩效而定，因为管理者的素质与绩效是企业唯一拥有的有效优势。实质上，

---

① 周其仁（1996）也认为人力资本具有"非激励难以调度的特征"。

作为管理要素核心内容的企业家，由于其自身在经济活动中的特殊性，必然更清楚技术进步对于经济增长的作用，由于企业家是企业剩余的所有者，利润最大化的动机将促使企业家把企业剩余用于技术进步的实现过程，并不断改善组织形式，以便新技术在企业中最优地使用，从而提高要素的产出效率，获取更大的剩余。而组织形式的改善集中表现在资本要素和劳动要素配置过程的不断合理化，这实际上是管理要素或企业家职能在发挥作用。因此，把管理要素纳入宏观生产函数，并分析在总产出中管理要素的产出贡献与资本、劳动产出贡献之间的关系，有重要的理论和实践意义。

二、弹性关系的检验：基于中国数据

1. 数据选取与说明。本章选取 2000～2006 年度全国主要经济发达地区规模以上工业企业总产出及相关数据作为省级面板数据，详细数据来自中国统计年鉴。其中资金投入 K 是各年固定资产净值年平均余额与流动资金年平均余额之和，劳动投入 L 以年平均职工人数计算，工业总产值 Y 作为产出项，利润 M 近似作为企业的管理投入。在新古典经济学理论中管理要素或企业家才能的报酬是正常利润，当然其假定是在完全竞争的条件下，但我国的现实是大多数规模以上企业都是国有企业，这些企业不同程度地存在垄断成分，甚至有很大的垄断势力，利润中有一部分是政策性垄断的结果。但利润的规模直接反映了企业经营管理的好坏，某种程度上反映了管理要素作用的结果。因为一般来说经营管理得好的企业都有正的利润，而亏损企业一般都是经营不善的企业。而且马歇尔在关于企业家收入的论述中也指出，企业家这种运用资本的经营才能的供给价格由三种因素构成：一是资本的供给价格，即利息；二是经营才能和精力的供给价格，是企业家获得的纯经营收入；三是把适当的经营才能和必需的资本结合在一起的那种组织或所形成的商誉的供给价格。因此可以把利润 M 近似作为企业的管理投入。在数据处理上，以 1999 年为基期（P_{1999} = 100）用工业品出厂价格指数（定基价格指数）分别折算出各年度实际的工业生产总值、资本和利润。

2. 计量检测过程和结果。我们考虑将北京、天津以及河北、山东和辽宁省数据定义为环渤海区、将上海、江苏和浙江定义为长三角地区、将广东单独定义为珠三角地区。这样整个设立三个虚拟变量 $AREA_1$，$AREA_2$，$AREA_3$ 分别为环渤海区、长三角地区和珠三角地区。首先根据方程式（4.2）进行面板数据固定效应回归分析，其结果见表4.1。

根据 Hausman 检测结果卡方数值为 32.05，大于临界值，选用固定效应模型进行检测。从表4.1可知，区域效应在固定效应模型中并未显现出来。在下一步检测中可以忽略不计。接下来我们就固定效应模型和面板模型广义矩估计进行比较。采用面板模型的稳健标准误检测主要是假设微观计量中横截面维度上是独立的，然而，真实情况确是具有一定相关性，主要包括由于系列相关和异方差造成的影响，利用面板稳健标准误GMM（广义矩）估计可以有效克服这些弊端。

表 4.1　Hausman 检测结果

	Hausman specification Test 检测结果	
	固定效应参数 （标准差）	随机效应参数 （标准差）
常数项	1.34 (0.554)	1.173 (0.296)
lnM	0.539 (0.059)	0.505 (0.042)
lnK	0.648 (0.059)	0.689 (0.101)
lnL	0.085 (0.155)	0.032 (0.062)
Area$_1$	0.147 (0.210)	
Area$_2$	0.043 (0.053)	无区域影响效应
Area$_3$	0.069 (0.059)	
残差项	$\sigma_u=0.097\ \sigma_e=0.064\ \gamma=0.706$ 对于全部 μ_i F (8, 37) =5 Prob > F = 0.000	$\upsilon_u=0.063\ \upsilon_e=0.063\ \gamma=0.501$
Hausman 检测值	$\chi^2_{(9)}$ = (b-B)´[(V_b-V_B)$^{(-1)}$] * (b-B) =32.05	

通过对固定效应模型进行 Breusch-Pagan 检验其是否存在横截面相关性，结果发现 $\chi^2_{(36)}=50.521$，远远大于临界值，说明横截面数据之间存在严重的相关性。另外采用修正的 Wald 检验来检测是否存在群组间的异方差（Groupwise Heteroskedasticity），其零假设为面板同方差，检测结果表明 $\chi^2_{(9)}=66.64$，

说明存在严重的面板异方差问题。另外我们为检测个体在横截面上的独立性，还采用了 Pesaran 检测来验证，其结果同样说明数据个体在横截面上存在严重相关性。采用固定效应模型同样不适合。采用稳健的标准误方法进行 GMM 回归检验，得到回归结果：

$$lnY = 1.127 + 0.438lnM + 0.706lnK + 0.061lnL + 残差项 \qquad (4.5)$$
$$(10.27)(10.35) \qquad (16.49) \qquad (2.43)$$
$$R^2 = 0.984 \quad Wald\ \chi^2_{(3)} = 18532.37$$

由上可知，其回归（4.5）中各结果较为理想，为避免管理投入变量的内生性对估计系数造成的有偏（Biased）与非一致性（Inconsistent），我们对计量模型进行简化设计，假设当前的管理投入为工具变量，其能够直接影响到下一期的资本有效投入和下一期的劳动投入合理利用情况。将模型进行工具变量估计来保证回归结果是无偏和统计有效的。

$$lnY = 1.341 + 0.533lnM + 0.629lnK + 0.046lnL + 残差项 \qquad (4.6)$$
$$(2.66) \quad (3.00) \qquad (2.16) \qquad (3.55)$$
$$R^2(Between) = 0.985 \quad Wald\ \chi^2_{(3)} = 1592.41 \quad prob > \chi^2 = 0.000$$

由方程可知，当管理投入上升 1%，在其他条件保持不变前提下，产值将上升 0.533%；同样在其他条件保持不变前提下，资本投入增加 1% 引起产值将上升为 0.629%，其数值略大于管理投入对产值的影响因素。技术进步率 1% 的上涨能引起 1.341% 的产值增加。而在其他条件保持不变情况下，1% 的劳动投入增加只能产生 0.046% 的产值增加。

3. 对分析结果的进一步比较说明。以上利用我国数据进行计量的结果并没有很好地证明模型的假说，即管理要素的产出贡献与劳动份额成正比，与资本份额成反比。究其原因，首先是我国处在转型过程中，市场化程度不够高，工业化水平离发达国家水平还有很大差距。另一方面可能的原因是我国的技术进步主要是资本增加型，自主研发的新技术数量很少，具有自主知识产权的技术进步成分很少，技术模仿是中国技术进步的主要推动力，其形式主要靠从先进技术国家购买先进的机器设备，直接移植外国成熟的技术产品和生产线进行加工与制造，"两头在外"与"来料加工型"企业所占比重非常大，这种制造业的发展方式，对于高素质人才的需求弹性较低，结果导致生产更加依赖于外来的生产线移植与资本投入，使技术进步直接表现为资本数量的增加。

通过样本数据中的各地区各年度资本投入量和劳动投入量的比值（K/L）变化的过程可以看出，九个地区中除广东的变动有起伏外，其他八个地区的

K/L 比值都是逐年上升的，见表4.2。这一方面说明经济发展过程中资本的增长速度快于劳动增长速度，另一方面也说明技术进步主要是劳动节约型的，而非中性技术进步，这使劳动要素在经济增长中的贡献份额减少，从而使计量结果偏离三种要素产出弹性关系的假说。而在第三产业高度发达的美国，技术进步是偏资本节约型的，三要素产出弹性假说可以得到验证，劳动要素的产出份额较高，而资本要素的产出份额相对较低，从而会使管理要素的报酬递增性表现得更为明显，而且管理要素在促进技术进步实现的机制中将进一步节约资本，这将会出现一种具有强化特征的路径依赖性，即管理要素一旦在技术进步中起促进作用，这种作用会随着技术进步的过程越来越被强化。

　　虽然中国部分发达地区的计量结果没有很好地证明模型的假说，但计量结果表明，当管理投入上升 1%，在其他条件保持不变前提下，产值将上升 0.533%；如果考虑到管理要素是促进技术进步的一种实现机制，技术进步率 1% 的上涨所引起的 1.341% 的产值增加部分，有一部分是由管理要素作用引起的。因此管理投入 1% 的上升，一方面带来了产出 0.533% 的上升，另一方面在技术进步率 1% 的变动中也有管理要素作用的部分。当然技术进步率 1% 的上涨引起产值增加 1.341% 中多大比例是管理要素作用的结果，有待进一步研究。因此在其他条件保持不变前提下，资本投入增加 1% 引起产值上升为 0.629%，其数值和管理投入对产值的影响相比，还不能确定管理要素和资本要素的产出贡献孰大孰小。

表4.2　2001～2006年度各地区资本（*K*）和劳动（*L*）的比值（单位：亿/万人）

地区＼年度 K/L	2001	2002	2003	2004	2005	2006
北京	34.552	35.668	38.969	45.837	53.791	61.989
天津	28.999	30.364	32.827	35.802	42.769	49.292
上海	39.612	39.915	42.742	47.242	50.302	54.686
江苏	19.490	20.835	23.512	26.982	30.300	33.194
浙江	18.041	19.305	20.776	21.370	25.525	28.199
河北	17.719	19.224	21.255	23.879	26.612	29.814
辽宁	26.953	29.919	31.816	35.216	35.778	38.266
山东	16.265	17.055	19.169	21.787	24.040	27.137
广东	22.757	21.941	22.127	22.724	21.412	23.486

资料来源：中国统计年鉴（2001～2006）

　　总之，管理要素对技术进步、对资本深化都产生了深远的影响，最终能有效促进产值的增加。同时技术进步、资本深化对于产值的影响也极其重要。为了提高生产能力，促进经济平稳快速发展，根本还在于提高管理投入、进行技术创新和引进高科技，最终提高生产要素的生产效率。管理要素在促进技术进步的实现机制中的作用与技术进步是资本节约型或劳动节约型等性质密切相关，要素的产出弹性关系受工业化程度、技术进步形式等制约，因此，在不同的工业化发展阶段，可以选择的技术进步方式不同，要素投入的组合方式也不同。在我国经济发展的不同阶段，要注意要素的配置结构，当前我国经济要持续快速发展，就应该改变资本投入过快增长的现状，强调管理要素的投入，增加高素质劳动力投入和积累，通过不断促进技术进步，提高资本要素和劳动要素的使用效率，实现经济平稳快速增长。

三、弹性关系假说的进一步检验：基于美国时间序列数据和 G7 面板数据

1. 数据说明

　　为了进一步证明生产要素产出弹性可能存在的上述关系，本章还选取1970 ~ 2006 年间美国、德国、英国、法国、加拿大、韩国和日本的 GDP、资本形成总额（K）、劳动力（L）和经营性收入（M）等数据。① 其中，对 GDP用 GDP 平减指数折算，对资本形成总额 K 和经营性收入 M 用生产者价格指数（PPI）进行折算，各类指数都以 2000 年价格为不变价格。管理投入 M 近似用经营性收入代替②。对数据的计量分析分两个部分。首先，对具有典型市场经济特征的国家即美国时间序列数据进行计量，把 1970 ~ 2006 年的时间序列数

---

　　①　详细数据来源：OECD 数据库网站 http：//www. oecd. org/WBOS/index. aspx. 其中，资本形成总额项见 "Gross capital formation" 栏；劳动力见 "Total labour force" 栏。

　　②　经营性收入数据取自 OECD 数据中的 "Gross operating surplus and gross mixed income" 栏。西奥多·W. 舒尔茨（Theodore W. Schultz）在《报酬递增的源泉》一书中提出了 "拓展的企业家" 概念，认为："报酬递增活动在一般均衡理论的公理性核心分析中不存在，因为无论哪种报酬递增都意味着某种失衡的存在。而这种失衡一旦发生，就意味着存在从资源的重新配置中获利的机会（这种机会是经常存在的）。发现这一机会并采取行动从中获利的人就是企业家。" "企业家才能是一个无所不在的经济行为。无论是象牙塔中的经济学教授还是教会中的牧师都不能逃避组织的失衡问题，而这都需要企业家才能来协调。……在生命中的每一点上，每个人都是一个企业家，每个人都在忙着分配自己的时间来改变环境。因此，在这个意义上，我们都是企业家。" "因为我们处在一个动态经济中，生活中的方方面面可以都体现出我们的企业家才能。" "企业家才能并不只用于去复意外之财或者去承受意外之灾。"（参见西奥多·W. 舒尔茨：《报酬递增的源泉》，北京大学出版社，2001 年。）出于舒尔茨企业家才能普遍存在于社会的观点，本书的管理要素投入选用了 OECD 数据库中 "总经营剩余和总固定收入" 栏数据与其对应。

据按劳均 GDP 值（GDP/L）波动幅度大小所显示的周期性大致分为三个阶段：1970 ~ 1985、1986 ~ 1996、1997 ~ 2006。[①] 因为随着美国经济的发展，其产业结构在不断地加大向"三二一"形式的调整，第三产业所占比重逐阶段上升。所以分阶段计量检验更能反映美国经济变化的规律性，并且可以更好验证上述理论假说即管理投入的产出弹性 γ 与劳动要素的产出弹性 β 成正比与资本要素的产出弹性 α 成反比。其次，利用上述七国 1970 ~ 2006 年的面板数据，对生产要素弹性关系理论假说进行进一步检验，用以克服时间序列回归结果不够稳健的欠缺。另外，索洛在利用美国数据进行增长核算时发现美国的技术进步基本上符合技术中性的特征，因此本章也在美国技术中性这样一个前提下对要素弹性假说进行检验。我们假定经济中要素的边际收益等于边际成本，从而使经营性收入可以代替管理投入。

2. 计量检验和结果

（1）时间序列模型分析。首先，利用（4.2）式的对数形式，并添加随机扰动项 ε 和标注时间 t，可得计量模型：

$$lnY_t = lnA_1 + \alpha lnK_t + \beta lnL_t + \gamma lnM_t + \varepsilon_t \qquad (4.7)$$

对各序列单位根检验的结果说明序列都平稳，用此计量模型对美国上述三阶段的时间序列数据用 EViews 软件进行 OLS 回归，各阶段回归结果分别如下（回归方程系数下括号中给出的是 t 统计量）：

第一阶段（1970 ~ 1985）：

$LnY = 4.168692 + 0.159003 \times LnK + 0.935916 \times LnL + 0.145234 \times LnM + 残差$

$\quad$（25.91942）（4.766596）$\qquad$（19.35499）$\qquad$（2.906007）

$\quad R^2 = 0.997024 \qquad Ad\ R^2 = 0.996280 \quad DW = 1.511972 \qquad F = 1340.219$

第二阶段（1986 ~ 1996）：

$LnY = 2.837470 + 0.114298 \times LnK + 1.493321 \times LnL + 0.182685 \times LnM + 残差$

$\quad$（37.99564）（2.431646）$\qquad$（8.499287）$\qquad$（2.008178）

$\quad R^2 = 0.998782 \qquad Ad\ R^2 = 0.998450 \quad DW = 2.520476 \qquad F = 3007.218$

第三阶段（1997 ~ 2006）：

$LnY = 1.606490 + 0.155106 \times LnK + 1.005275 \times LnL + 0.456658 \times LnM + 残差$

$\quad$（12.74009）（3.884801）$\qquad$（7.911886）$\qquad$（7.805163）

---

① 实际计量过程中按照各阶段残差序列的平稳性会对各阶段的时间分段稍做修改，目的是为了充分显示各阶段的周期性特征。

$$R^2 = 0.998756 \quad Ad\, R^2 = 0.998133 \quad DW = 2.224113 \quad F = 1605.082$$

从各阶段计量检验的结果来看，回归的各项检验值指标均相当不错，系数的 t 检验值均较大，说明模型中各个变量的系数都显著；判定系数与经过调整后的判定系数均达到 0.99 以上，说明拟合优；另外，F 检验值与 DW 检验值的结果也都符合要求，只有第二和第三阶段的回归方程中 DW 检验值偏大。[①] 通过对上述三阶段回归方程的残差序列各自进行单位根检验，结果显示，在 5% 的置信水平下，残差序列不存在单位根，说明上述回归方程不是伪回归。所以方程可用。当然，方程中的资本 K 选用美国的资本形成总额，相对于索洛增长核算中使用的宽泛的资本而言会偏小[②]，但这并不影响假说的检验结果，因为即使把三阶段所使用的资本都同时放大若干倍，各要素的产出弹性系数不会变化，仅仅是截距项即回归方程中的常数项变化。

第一阶段 K、L、M 各自的产出弹性分别为：$\alpha_1 = 0.159003$，$\beta_1 = 0.935916$，$\gamma_1 = 0.145234$；

第二阶段 K、L、M 各自的产出弹性分别为：$\alpha_2 = 0.114298$，$\beta_2 = 1.493321$，$\gamma_2 = 0.182685$；

第三阶段 K、L、M 各自的产出弹性分别为：$\alpha_3 = 0.155106$，$\beta_3 = 1.005275$，$\gamma_3 = 0.456658$；

对上述产出弹性值使用简单两项移动平均法，求得移动平均值：

$$\alpha_{11} = (\alpha_1 + \alpha_2)/2 = 0.136650, \quad \alpha_{22} = (\alpha_2 + \alpha_3)/2 = 0.134702$$
$$\beta_{11} = (\beta_1 + \beta_2)/2 = 1.214619, \quad \beta_{22} = (\beta_2 + \beta_3)/2 = 1.249298$$
$$\gamma_{11} = (\gamma_1 + \gamma_2)/2 = 0.1639595, \quad \gamma_{22} = (\gamma_2 + \gamma_3)/2 = 0.319672$$

移动平均后的 γ 与 β 正相关，γ 与 α 负相关。因此，美国的三阶段计量结果较好地检验了管理投入的产出弹性 γ 与劳动要素的产出弹性 β 成正比与资本要素的产出弹性 α 成反比的假说。虽然所使用的移动平均法只有简单两项移动，但其结果能真实反映弹性的这种变化规律。

（2）面板数据模型分析。面板数据回归过程中对异方差、截面异方差、序列相关和截面相关等问题进行了检验和相应处理，克服了可能存在的上述问

---

① 在 DW 检验表可查，当 n=15，k=4 时，5% 显著值 $d_l=0.69$，$d_u=1.97$；当 n=16，k=4 时，5% 显著值 $d_l=0.74$，$d_u=1.93$；当 n=15，k=4 时，2.5% 显著值 $d_l=0.59$，$d_u=1.84$；当 n=16，k=4 时，2.5% 显著值 $d_l=0.64$，$d_u=1.80$；

② 索洛（Solow, 1957）认为资本时间序列是一个不易处理的模糊量，其中使用的资本量是一个相当宽泛的概念，包括了土地和矿藏等等。

题。面板数据分析仍然采用（4.2）式的对数形式，计量模型如下：

$$lnY_{it} = \alpha_{it} + \alpha lnK_{it} + \beta lnL_{it} + \gamma lnM_{it} + \varepsilon_{it} \qquad (4.8)$$

其中下标 i 表示国家，t 表示年份。数据分析依然大致分为三个阶段：1970～1985、1986～1996、1997～2006。通过对面板数据的 Hausman 检验和 F 检验，我们对三个阶段数据的回归都选择使用个体固定效应模型，且使用截面加权的广义最小二乘（GLS）并加一阶自回归 AR（1）变量模型。对回归后的结果，我们只把系数值列出，如下：

第一阶段 K、L、M 各自的产出弹性分别为：

$\alpha_1 = 0.123352^{***}$，$\beta_1 = 0.234484^{**}$，$\gamma_1 = 0.167413^{***}$；

第二阶段 K、L、M 各自的产出弹性分别为：

$\alpha_2 = 0.138872^{***}$，$\beta_2 = 0.103008^{***}$，$\gamma_2 = 0.127645^{***}$；

对于第三阶段即 1997～2006 年间数据，由于在总模型中使用所有解释变量，回归结果没有满足统计要求，我们通过舍去一个解释变量，分别用 $lnY_{it} = \alpha_{it} + \alpha lnK_{it} \gamma lnM_{it} + \varepsilon_{it}$ 和 $lnY_{it} = \alpha_{it} + \beta lnL_{it} + \gamma lnM_{it} + \varepsilon_{it}$ 对样本数据进行回归，得到结果为：

第三阶段 K、M 各自的产出弹性分别为：$\alpha_3 = 0.191297^{***}$，$\gamma_3 = 0.086215^{*}$；

第三阶段 L、M 各自的产出弹性分别为：$\beta_3 = 1.005337^{***}$，$\gamma_3 = 0.286440^{***}$；

上述计算结果各个弹性系数 α、β 和 γ 值中，***、**、* 分别表示 t 值在 1%、5% 和 10% 水平上显著。各个回归方程的 R^2 和调整后的 R^2 都大于 0.98，F 和 D－W 值也都合符要求，说明上述计算得出的 α、β 和 γ 值可用。通过三阶段的 α、β 和 γ 值的变化可以看出，γ 与 β 呈正相关，γ 与 α 呈负相关关系。因此，经过面板数据检验的这种假说，事实上会成为规范的市场经济中要素投入配置的一个基本规律而起作用，认识到这样一个规律是有重要意义的。

从理论界对技术进步中性概念的讨论可以看出，技术进步是与各要素的产出贡献以及它们之间的弹性关系紧密相关的。由于企业中劳动要素潜能的发挥需要企业家的激励，而且这种潜能发挥的空间还很大，这使得在宏观生产中，管理要素的产出贡献大小与劳动要素的贡献正相关，而与资本要素的贡献负相关。美国作为一个发达的市场经济国家，其数据已经检验了这种假说。认识到这一点，一方面使我们清楚，在一个劳动要素比例较大的经济体中，应该充分发挥管理要素的作用，通过企业家的激励作用，来加强劳动要素和管理要素在产出中的作用和贡献。另一方面，和劳动要素相比，资本要素的非激励性和边际报酬递减性，必然会使资本的贡献份额降低，所以需要改变资本投入过快增长的现状。

实质上，在不同的工业化发展阶段，可以选择的技术进步实现方式不同，要素投入的组合方式也不同。我国逐渐正式走上了完全市场化的道路，随着改革的深入，今后我国的要素配置状态及其产出弹性关系将会沿着美国现代市场的轨迹按照以上提出的弹性关系规律演进，因此一方面我们要改变投资过快增长的现状，而另一方面又必须维持一个合适的投资增长速度，以便和劳动要素的配置比例协调，满足生产要素产出弹性关系规律。在要素产出弹性关系规律支配下，不断提高劳动力自身素质将是管理要素充分发挥激励作用的一个关键条件，为了使要素的投入结构能实现最佳的配置效率和激励效率，同时必须增强管理投入积累程度。

第四节　非体现型技术进步的内生化

以上部分从管理要素的角度，分析了中性技术进步中管理要素、资本要素与劳动要素三者的产出弹性可能存在的关系。然而，还有一个非常重要的问题是这种中性技术进步作为广义技术进步，在增长核算中仍然是外生于经济增长的。虽然经济学家普遍认为技术进步是经济增长的一个主要影响因素，也致力于把技术进步内生化，但内生化的技术进步部分中仅仅局限于体现型的技术进步。以下部分尝试着通过引入内生性的管理要素把非体现型技术进步内生化。

非体现型技术进步概念最初来源于索洛增长核算中的"索洛余值"，Solow（1957）使用生产函数 $Y(t) = e^{ut} K(t)^a L(t)^{1-a}$，测算出其中的 u 作为非体现的技术进步对经济增长贡献了 7/8。在增长核算中，索洛将总产出增长中无法由劳动投入增长和资本投入增长说明的部分归结为不体现的技术进步所实现的部分。这种增长核算中的非体现技术进步是在技术中性的假设条件下，在仅仅考虑劳动投入和资本投入且生产规模报酬不变的假定之下，通过拟合生产函数的计量方法得到的。由于索洛模型的假定条件实质是把技术进步外生于经济增长，因此新古典理论常常把这种由索洛方法计算得出的非体现型的技术进步看做是外生于经济增长的。

然而，很多方面都表明新古典增长理论对现实解释不力，"索洛余值"对增长近80%的贡献实质上也反映了人们对增长的无知，这些理论上的欠缺表明非体现型技术进步外生于经济增长的命题让人们无法认可。于是，新增长理论又称内生增长理论从分解"索洛余值"的目的出发，试图将技术进步内生化，在生产要素报酬递增的框架下，分析了经济增长中各种内生要素对增长的贡献，其主要理论成果就是将教育程度、人力资本、知识生产、研究开发等因素从 TFP 中分离出来。但是目前新增长理论并没有完全赋予非体现型技术进步一个实质性的内容，因此使得增长核算的结果并没有成功分解全要素生产率，当前 OECD 国家的核算过程依然使用索洛核算框架下全要素生产率或多要素生产率的统计概念。内生增长理论无法实现对 TFP 实质分解的一个重要原因，很可能是其理论框架下的内生要素无法与资本、劳动等传统要素一样获得同等地位被纳入总量生产函数。

众所周知，管理要素是新古典经济理论中四生产要素之一，与资本、劳动和土地等要素一起被萨缪尔森同称为经济进步的四个轮子。实质上，纵观各种非体现的技术进步形式，都可以归纳为管理要素的作用结果，只是作用形式不同而已。实质上，在一个生产函数中假定 K、L 投入不变，管理水平的提高会带来产出 Y 的增长。产出增长中因为资本和劳动投入数量和质量变化而实现的部分被看做是体现的技术进步，这部分技术变化可以物化在具体的资本和劳动投入上。那么由管理投入实现的产出增长部分应该属于那种技术进步类型？因为管理的变化例如组织形式的改进、企业家才能的充分发挥都不可物化到具体的投入上，是否管理水平的提高就是一种非体现型的技术进步且这种类型技术进步外生于经济增长吗？管理要素作为一种内生性要素纳入增长框架是否可以实现非体现技术进步的内生化？

一、新古典增长理论框架下的非体现型技术进步和体现型技术进步

索洛（1957）在提出了测度技术进步贡献的方法，即增长核算法。其公式为：

$$\frac{\Delta Y}{Y} = \frac{\Delta A}{A} + \alpha_K \cdot \frac{\Delta K}{K} + \alpha_L \cdot \frac{\Delta L}{L} \tag{4.9}$$

其中，产出的增长率 $\frac{\Delta Y}{Y}$ 由资本的贡献 $\alpha_K \cdot \frac{\Delta K}{K}$、劳动力的贡献 $\alpha_L \cdot \frac{\Delta L}{L}$ 和广义技术进步的贡献 $\frac{\Delta A}{A}$ 构成，$\frac{\Delta Y}{Y}$、$\frac{\Delta K}{K}$、$\frac{\Delta L}{L}$ 可以从国民核算中直接得到。

假定生产函数是规模报酬不变的，即 $\alpha_K + \alpha_L = 1$，这样就可以推算出 $\frac{\Delta A}{A}$。α_K、α_L 分别是资本和劳动的产出弹性。由于模型使用了"技术中性"假

设，即在技术进步作用下，资本存量和劳动力投入的生产能力都按同一比例得到提高，其本身并不体现技术进步，技术进步对其生产能力的影响完全是通过TFP即非体现的技术进步的变化实现的。

索洛（1959）又提出了一个测度资本体现型技术进步的模型。模型假设：（1）对于用等量货币购置的资本品，当年购置的资本品比上一年购置的资本品的生产能力提高一个固定的百分比 λ，在不同年份资本品上进行生产的劳动力是同质的；（2）劳动力不论在什么年份购置的资本品上工作，支付给每单位劳动力的工资均等于它的边际产出；（3）各年份购置的资本品均按同一比例 δ 折旧。从而得出对资本体现型技术进步率 λ 进行估计的方程为：

$$\ln\left[\frac{\Delta R + \delta R}{I_t}\right] = \frac{\lambda t}{1 - \alpha} + C \qquad (4.10)$$

$$R = \frac{Y_t^{1/(1-\alpha)}}{L_t^{\alpha/(1-\alpha)}} \qquad (4.11)$$

其中，$\Delta R = R_t - R_{t-1}$，C 是常数项。

Phelps（1962）考虑到非体现型技术进步和资本体现型技术进步会同时出现，而提出一个反映两者的模型：

$$Y(t) = A\, exp\, (\mu t) J(t)^{1-\alpha} L(t)^{\alpha} \qquad (4.12)$$

其中

$$J(t) = \exp(-\delta t) \int_{-\infty}^{t} \exp(\theta v) I v dv \qquad (4.13)$$

$\theta = \lambda/(1 - \alpha)^{+\delta}$。模型中的 λ 是资本体现型技术进步率，μ 即是非体现型技术进步率。

索洛的学生 Intriligator（1965）认为上述模型都没有考虑随着科学技术的发展，劳动力的质量在不断提高，同一单位劳动力投入的生产率是逐年提高的，因此技术进步可能是劳动体现型的。于是 Intriligator 提出了一个能同时估计出三种类型技术进步率的模型，即：

$$P(t) = A\, exp\, (\mu t) J_{\lambda}(t)^{1-\alpha} L_{\gamma}(t)^{\alpha} \qquad (4.14)$$

其中，$J_{\lambda}(t)$ 是根据资本体现型技术进步率为 λ 计算的资本投入即等效资本投入；$L_{\gamma}(t)$ 是根据劳动体现型技术进步率为 γ 计算的劳动力投入即等效劳动力投入。$P(t)$ 表示使用等效资本投入 $J_{\lambda}(t)$ 和等效劳动力投入 $L_{\gamma}(t)$ 可能获得的潜在产出。μ 是非体现型技术进步率。

纳尔逊（1964）从 C–D 生产函数出发，提出了包含体现型技术进步的模型：

$$Y(t) = A_t' J_t^\alpha L_t^\beta \qquad (4.15)$$

（4.15）式中，J_t是以质量加权的资本数量，即有效资本；A_t'是除了体现为资本质量提高以外的技术进步效率系数。（4.15）式为含资本体现型技术进步的生产模型，但是，在实际应用中，通常采用的是另外一种近似形式，假设第 t 年资本的平均寿命为 $\overline{at}$，则有效资本的增长率可以近似表示为：

$$\frac{\Delta J}{J} = \frac{\Delta K}{K} + \lambda - \lambda\Delta\bar{\alpha} \qquad (4.16)$$

（4.16）式中，$\Delta\bar{a}$为资本平均寿命的变化，$\frac{\Delta K}{K}$为实际资本数量的变化率，调整量 $\lambda\Delta\bar{a}$ 反映了资本平均寿命变化的作用，将体现资本质量提高的部分和反映资本平均寿命变化的部分分离出来，于是可以将总量增长方程（4.15）整理为：

$$\frac{\Delta Y}{Y} = \frac{\Delta A'}{A'} + \alpha\left(\lambda - \lambda\Delta\bar{\alpha} + \frac{\Delta K}{K}\right) + \beta\frac{\Delta L}{L} \qquad (4.17)$$

利用式（4.17）就可以定量估计在产出增长 $\frac{\Delta Y}{Y}$ 中，非体现型技术进步的贡献为 $\frac{\Delta A'}{A'}$，资本体现型技术进步的贡献为 $\alpha\lambda - \alpha\lambda\Delta\bar{a}_t$，总投入增长的贡献为 $\alpha\frac{\Delta K(t)}{K(t)} + \beta\frac{\Delta L(t)}{L(t)}$。

李子奈、鲁传一（2002）在上述理论的基础上，认为广义技术进步与劳动、资本一起构成了经济增长的三要素，而广义技术进步又可以分为技术创新和管理创新两方面。因此，广义技术进步对经济增长的贡献是经济增长中除去资本和劳动的贡献后的剩余；而管理创新的贡献是广义技术进步总贡献减去技术创新贡献后的剩余。李子奈、鲁传一按照这个思路扩展了式（4.17），其扩展式（4.18）为：

$$\frac{\Delta Y}{Y} = \frac{\Delta A'}{A'} + \alpha\left(\lambda - \lambda\Delta\bar{\alpha} + \frac{\Delta K}{K}\right) + \beta\left(\delta - \delta\Delta\bar{b} + \frac{\Delta L}{L}\right) \qquad (4.18)$$

（4.18）式中，$\frac{\Delta Y}{Y}$ 为经济产出的增长率，$\frac{\Delta A'}{A'}$ 为由于资源配置效率提高对产出增长的贡献，α 和 β 分别为资本和劳动的产出弹性，λ 为由于资本质量的提高带来的资本使用效率年提高速度，$\Delta\bar{a}$ 为资本平均使用寿命的变化，$\frac{\Delta K}{K}$ 为实际资本数量的变化率，δ 为由于劳动者平均受教育水平的提高带来的劳动生产率年提高速度，$\Delta \bar{b}$ 为劳动者平均工作年龄的变化，$\frac{\Delta L}{L}$ 为实际劳动数量的变化率。

由（4.18）式可得，在经济增长中，资本体现型技术进步的贡献为 $\alpha\lambda - \alpha\lambda\Delta\bar{a}$，劳动体现型技术进步的贡献为 $\beta\delta - \beta\delta\Delta\bar{b}$，科学技术进步的总贡献为 $\alpha\lambda - \alpha\lambda\Delta\bar{a} + \beta\delta - \beta\delta\Delta\bar{b}$。所以技术创新在经济增长中的贡献率为

$\dfrac{(\alpha\lambda - \alpha\lambda\Delta\bar{\alpha}) + \beta\delta - \beta\delta\Delta\bar{b}}{\dfrac{\Delta Y}{Y}}$，制度与管理创新在经济增长中的贡献率为 $\dfrac{\dfrac{\Delta A''}{A''}}{\dfrac{\Delta Y}{Y}}$。

根据（4.18）式采用扣除法计算了管理创新在经济增长中的贡献，实质上这种方法计算的管理创新在经济增长中的贡献部分从属于非体现型技术进步。

一般来说，理论界认为非体现型技术进步是指在资本和劳动投入不增加的条件下所实现的总产出的增加。这也意味着在没有任何新投资的情况下，利用不变的投入生产出更多的产出，换言之，生产函数的任何移动，使资本和劳动力间的平衡在长期不受干扰。例如，组织改进和产业重组都表现为不体现的技术进步，因为这不必体现于新生产出来的资本品或新训练、教育出来的工人之上，它就产生利益。体现型技术进步（Embodied Technical change）是在它能对经济的产出增长率起作用之前，它必须在物质上被包括在新生产出来的资本品之中，或者同新训练和教育出来的工人结合在一起。因此，资本和劳动力都不能再假定为同质的。体现型技术进步是指"物化"了的技术进步，资本体现型技术进步是指技术进步物化在机器设备等资本品上，劳动体现型技术进步是指技术进步物化在劳动力和劳动资料等上，在体现型技术进步模型中，新机器比旧机器好，且技术进步包含于新机器中。但体现型技术进步理论的局限性在于：不能考察工资预期对机器制造的影响，而且假设与固定的劳动力需要有关。这对于人均产出较高而资本—劳动力比率可能较低的经济来说是不现实的。

而关于非体现型技术进步模型，段文斌、尹向飞（2009）在对中国全要素生产率研究理论进行评述中，引用了 Felipe（1997）对索洛余值法批判的观点，认为在利用索洛余值法来度量全要素生产率过程中，技术进步的外部性意味着技术进步被"叠加"在系统上，即假定随着时间的推移而增长并且由所

考虑的经济系统以外的因素决定。即非体现型技术进步是一种外部性技术进步，这种技术进步不需要新投入，生产函数形式并不随时间改变而改变。Sharma 等（2007）也认为索洛（1957）使用的增长核算法一个不足之处在于其不能识别 TFP 增长的来源。例如，没有表明 TFP 增长是源于技术进步还是效率提升等。

二、引入管理要素的非体现技术进步类型

上述理论说明把非体现的技术进步外生于经济增长存在很大的不足。与新古典增长理论不同，我们认为非体现型技术进步的发生是通过管理要素的作用而实现的，管理要素投入过程本身就是可以不需要增加资本和劳动要素投入，而通过管理要素的激励功能和配置功能的发挥，来增加产出的技术进步实现机制。这种非体现型技术进步在没有任何新投资的情况下，即假定资本存量是完全同质的，利用不变的投入可以生产出更多的产出，例如组织改进和企业家激励职能的发挥等等。

那么在资本和劳动投入之外会带来产出增加的非体现型技术进步，在考虑管理投入这种实质性因素后会如何起作用呢？按照雷明、孙曙光（2010）对全要素生产率的分解模式，首先，用 $y^* = g(x, t)$ 表示最优生产函数，y^* 表示最大潜在产出，x 表示各种要素投入，如劳动和资本等，t 表示技术水平。函数是连续且一阶可微的凹函数。作为最优生产函数，$y^* = g(x, t)$ 满足 $g(\lambda x, t) = \lambda g(x, t)$，其中 $\lambda > 0$。长期均衡条件下规模收益不变，即具有最优生产规模，$g(\lambda x, t) = \lambda g(x, t)$ 表明了这一条件。

第二，$y = h(x, e, t)$ 表示实际生产过程的广义生产函数，其中 e 表示管理要素，y 表示实际产出，t 表示技术水平，且满足 $\dfrac{\partial h(x, e, t)}{\partial e} \geq 0$，即管理要素边际收益非递减。$y = f(x, t)$ 表示索洛核算中的总量生产函数，其中 t 表示广义技术水平，x 表示要素投入。

第三，管理要素的使用效率是最大潜在产出的实现度，即实际产出与最大潜在产出的比率。表示为：$e(x, t) = y(t) / y^*(t)$。其中，y 为实际产出，y^* 为最大潜在产出。因此有：

$$y(t) = e(x, t) g(x, t) \qquad (4.19)$$

将（4.19）式两边取对数且对 t 微分，可得：

$$\frac{\dot{y}}{y} = \frac{\dot{e}}{e} + e_x(x, t) \frac{\dot{x}}{x} + g_x(x, t) \frac{\dot{x}}{x} + \frac{\dot{g}}{g} \qquad (4.20)$$

（4.20）式中，$\dfrac{\dot{y}}{y}$ 表示实际产出增长率，$\dfrac{\dot{g}}{g}$ 表示技术进步率，$\dfrac{\dot{e}}{e}$ 表示管理要素使用效率的变化率，$\dfrac{\dot{x}}{x}$ 表示要素投入变化率，$g_x(x, t)$ 是最佳技术水平和管理水平时要素的产出弹性，$e_x(x, t)$ 是管理效率的要素弹性。在雷明（1997）看来，$g_x(x, t) + e_x(x, t)$ 恰好是现实生产中产出的要素弹性。

与李子奈、鲁传一（2002）的（4.18）式相比较，（4.20）式中的 $\dfrac{\dot{e}}{e}$ 是管理要素在总产出增长中实现的部分，$\dfrac{\dot{g}}{g}$ 是狭义的科学技术进步在总产出增长中实现的部分，$[g_x(x, t) + e_x(x, t)] \cdot \dfrac{\dot{x}}{x}$ 则为要素投入在总产出增长中实现的部分。正如资本要素是一种生产要素，机器设备的改进和新机器设备的生产，是一种物化了的技术进步，即体现型技术进步。同样，管理要素也是生产要素，管理要素投入过程实质上就是一种非物化的技术进步，即非体现型技术进步，也即是说 $\dfrac{\dot{e}}{e}$ 是非体现的技术进步率。如果在总产出增长中可以把管理要素内生化，则管理要素实现的部分 $\dfrac{\dot{e}}{e}$ 也就内生化。因此，非体现的技术进步是否内生于经济增长的关键是要把管理投入内生化。

三、基于内生性管理要素的非体现技术进步

如第四章所述，由于管理要素有激励功能和配置功能，在考虑管理要素投入的经济和生产过程中，把要素投入根据其可激励性和配置性区分为激励型投入和配置型投入，并构建一个内生增长模型。我们利用这个 AK 模型与家庭及企业的最优化行为的结合，并根据最优化方法可求得 t 期家庭的最优消费 c^* 和企业最优投资 i^*。按照凯恩斯两部门国民收入决定理论，在一个不考虑政府部门的封闭经济中，上述最大潜在产出 y^* 等于家庭的最优消费 c^* 和企业最优投资 i^* 之和，即 $y^* = c^* + i^*$。

通过上一章对家庭行为、企业行为的均衡分析，可求得最优消费水平。由第三章（3.14）式可知，如果 0 时的人均消费水平为 $c(0)$，则 t 时的人均消费为：

$$c(t) = c(0) \cdot e^{(1/\theta)(R_D - \delta - \rho)t} \tag{4.21}$$

其中初始消费水平 $c(0)$ 有待确定。由第三章（3.13）和（3.14）式与横截性条件（3.15）式决定了每个时点上的 c 和 k 配置比例变动的时间路径。

把 $c(t)$ 由（4.21）式代入（4.13）式，得：

$$\dot{k} = (RD - \delta - n)k - c(0) \cdot e^{(1/\theta)(R_D - \delta - \rho)t} \tag{4.22}$$

解这个关于 k 的一阶线性微分方程，得通解为：

$$k(t) = （常数） \cdot e^{(R_D - \delta - n)t} + [c(0)/\varphi] \cdot e^{(1/\theta)(R_D - \delta - \rho)t} \tag{4.23}$$

其中

$$\varphi = (R_D - \delta)(\theta - 1)/\theta + \rho/\theta - n \tag{4.24}$$

由（4.21）式可得 t 期人均最优消费量：

$$c^* = c(t) = c(0)e^{(1/\theta)(RD - \delta - \rho)t} \tag{4.25}$$

由（4.23）式可得 t 期企业最优投资量：

$$i^* = k(t+1) - k(t) = \{\Lambda e^{(R_D - \delta - n)(t+1)} + [c(0)/\varphi] \cdot e^{(1/\theta)(R_D - \delta - \rho)(t+1)}\}$$
$$- \{\Phi e^{(RD - \delta - n)t} + [c(0)/\varphi] \cdot e^{(1/\theta)(R_D - \delta - \rho)t}\} \tag{4.26}$$

其中，Λ，Φ 是常数，且

$$k(t+1) = \Lambda e^{(RD - \delta - n)(t+1)} + [c(0)/\varphi] \cdot e^{(1/\theta)(RD - \delta - \rho)(t+1)}$$

由 $y^* = c^* + i^*$，可得最大潜在产出为：

$$y^* = c(0)e^{(1/\theta)(R_D - \delta - \rho)t} + \{\Lambda e^{(R_D - \delta - n)(t+1)} + [c(0)/\varphi] \cdot e^{(1/\theta)(R_D - \delta - \rho)(t+1)}\}$$
$$- \{\Phi e^{(R_D - \delta - n)t} + [c(0)/\varphi] \cdot e^{(1/\theta)(R_D - \delta - \rho)t}\} \tag{4.27}$$

而实际产出 y 则是把（4.25）和（4.26）式中的 R_D 用实际利率 r 替代即可得到，即实际产出为：

$$y = c(0)e^{(1/\theta)(r - \delta - \rho)t} + \{\Lambda e^{(r - \delta - n)(t+1)} + [c(0)/\varphi] \cdot e^{(1/\theta)(r - \delta - \rho)(t+1)}\}$$
$$- \{\Phi e^{(r - \delta - n)t} + [c(0)/\varphi] \cdot e^{(1/\theta)(r - \delta - \rho)t}\} \tag{4.28}$$

由式 $e(x, t) = y(t)/y^*(t)$，可知管理要素实现的效率 $e(x, t)$ 等于实际产出 y 除以最大潜在产出 y^* 得出，即用（4.28）式除以（4.27）式得出。对式 $e = y/y^*$ 两边取对数且求导，可得非体现的技术进步率 $\dfrac{\dot{e}}{e}$。既然在理论上非体现的技术进步率可以在引入管理要素的内生增长模型中求得，且管理要素是内生因素，因此非体现的技术进步率并不一定外生于经济增长。

第五节　本章小结

作为管理要素主体的企业家，出于对企业剩余和利润最大化的内在追求，

他们会把所获得剩余不断用于创新和改善生产方式上来，使企业生产效率提高，从而获得更多剩余和利润。企业家通过发现创新和变化的机会来获取剩余，在变化过程中对能带来收益的新变化进行经验总结，形成可以指导下一次重复出现事件的知识，从而提高效率。效率的提高直接带来剩余的增加，最终有更多投入用于创新和生产方式的改进，从而实现技术进步。从这个意义上说，管理要素投入过程本身就是技术进步的一种实现机制。

由于管理要素具有激励功能和配置功能，而且劳动要素做为一种激励型投入，存在可以挖掘的很大潜能，同时劳动者供给的努力程度难于控制，因此管理要素激励功能的充分发挥是实现劳动要素效率提高的有效途径。而物质资本作为配置型投入，仅仅具有配置效率改进的可能，而不存在类似劳动要素的激励效率改进，劳动要素却具有改进的配置效率。基于此，本章提出，在宏观生产中管理要素的产出弹性与劳动要素的产出弹性成正比，与资本要素的产出弹性成反比。利用发达国家美国的时间序列数据和 G7 面板数据验证了这一假说，然而中国九个发达省份的数据却没有满足这一假说提出的弹性变化规律。这个实证结果说明，在不同的工业化发展阶段，可以选择的技术进步实现方式不同，要素投入的组合方式也不同。今后随着我国经济全面市场化，要素配置状态及其产出弹性关系将会按照这种弹性关系规律演进。因此一方面要改变投资过快增长的现状，而另一方面又必须维持一个合适的投资增长速度，以便和劳动要素的配置比例协调。不断提高劳动力自身素质将是管理要素充分发挥激励作用的一个关键条件。

另外，在内生管理要素增长模型的基础上，结合已有的非体现技术进步模型，把非体现型技术进步部分看做是管理要素的作用带来了效率变化而实现的部分，从而使非体现型技术进步内涵具体化，同时非体现型技术进步也是由经济系统中的管理要素对要素投入的激励型投入和配置型投入组合方式的选择而内生决定的，因此这部分由管理要素实现的技术进步部分，就是非体现的技术进步，同时也是内生于经济增长的。这些都反映在引入管理要素的内生增长模型的分析中。

当然，实证分析需要进一步证实的是引入管理投入以后，不能由要素投入具体反映的无知的增长余值会减少到一个怎样的程度，即增长核算中总量增长率减去资本、劳动和管理投入各自实现的增长部分以后，索洛意义上的残差会接近 0 吗？如果接近 0，那么说明增长核算中的广义技术进步率是由管理投入实现的，因此理论上的探讨是有积极意义的。只不过，实证分析中管理投入的替代变量选择和计量模型的处理是一个需要仔细推敲的过程。因此，这也是下一步研究将要进行的工作。下一章将循着这样的思路，把管理投入引入增长核算方程中，对 TFP 试着进行分解，以便明确内生的管理要素对技术进步的贡献及其在 TFP 中所占的份额。

第五章

内生性管理要素对 TFP 理论的拓展和 TFP 重新计量

全要素生产率（TFP）是近来各国经济增长研究中的热点理论之一，特别是对于一直被低生产率问题困扰且正处于工业化阶段的发展中国家，例如中国，尤其重视对 TFP 的研究，近十多年来涌现了大量研究中国经济增长效率的实证文献就是其最有力佐证。但国内外多数这些文献在利用索洛新古典增长模型计算全要素生产率的过程中，无论对投入要素怎样改进，也不能充分地解释被认为在经济增长中贡献了很大部分的"索洛余值"，实际上这是由于索洛假定技术进步外生给定，而且这种外生的技术进步是由什么因素实现的，索洛并没有考虑。由于"余值"中过大的"噪声部分"，随后的研究将无效率考虑到经济增长的分析中，从而将全要素生产率的增长分解为效率的变化和技术进步两个成份（如 Fare et al. ，1994 等），雷明、孙曙光（2010）在理论上则把全要素生产率分解为了技术进步增长率、组织管理效率的提高以及这两者匹配度的变化率。而实证研究的结果证明效率提高比技术进步对中国经济增长的影响更为重要（陈勇、唐朱昌，2006）。

第一节　理论界有关效率来源的争议

TFP 理论起源于索洛（1956）对哈罗德—多马增长模型的改进和索洛（1957）对美国经济增长的核算。索洛认识到美国经济增长模式已经发生变化，认为哈—多模型不再适合分析美国等发达国家的增长情况，于是他从1956 年开始根据美国的发展情况撰文质疑哈罗德—多马模型的假设和对现实的解释力。索洛认为，如果像哈罗德—多马增长模型所假设的单纯依靠增加资本投入实现增长，在其他因素不变的条件下，必然引起投资报酬递减和投资效率的下降。这就意味着要保持一定的增长率必须不断提高投资率。事实上，19世纪后期以来，美国的投资率也没有明显提高。若如哈罗德—多马模型所说，美国的增长率应该趋于下降。但事实并非如此，第二次产业革命以后美国的经济增长率较之 19 世纪前半期不但没有下降，反而有较大提高。这说明经济增长除投资之外，还有其他源泉。在此分析基础上索洛（Solow）和斯旺（Tom W. Swan）提出了一个新古典增长模型：$Y = AK^a L^\beta$。

其中 Y 代表产出，K、L 分别代表资本投入和劳动投入，a 和 β 分别代表资本和劳动的产出弹性，$a + \beta = 1$。索洛认为增长的源泉除了资本和劳动投入之外，还有一个 A，并把这个 A 定义为全要素生产率（TFP）又称广义技术进步。这里的技术进步不仅指生产工艺的改进，而是包括一切在资本、劳动投入不变的条件下引起产出增长的因素，是一般的效率提高。

索洛（1957）进一步运用美国 100 年的数据对新古典增长模型进行了增长核算检验，结果证实这一增长模型是可信的，此后很多发达国家的增长核算都沿用了这一方法计算 TFP。索洛指出，在美国 1909～1949 年的 40 年间，美国每人每小时的产出增长了一倍，其中 87.5% 来自技术变化，只有 12.5% 来自资本投入。实质上，在索洛（1957）的增长核算式 $Y = e^{at} L^\beta K^\gamma$ 中①，使用人均产出和人均资本、资本的产出份额计算出来的 $\frac{\dot{A}}{A} = \frac{\dot{q}}{q} - w_k \frac{\dot{k}}{k}$，是中性技术进步率，又称"广义技术进步率"，即 TFP。其中 q 是人均产出，k 是人均资本，w_k 是资本份额。其中技术中性是在给定资本/劳动力比的情况下，要素的边际替代率不变。由此计算出来的 $\frac{\dot{A}}{A}$ 包括了资本和劳动投入质量的改进在内，即其中既有资本或劳动体现型的技术进步，也有资本或劳动不体现型的技术进步。索洛提出新古典增长模型的目的是解释美国的现代经济增长，但却发现投资并非现代经济增长的关键因素，从而纠正了在经济学界主导了理论多年的"资本决定论"谬论，在经济增长理论中具有里程碑的意义。

但是新古典增长模型存在的问题在于把宏观意义上的技术进步或一般意义上的效率改进看做一个外生变量，因而无法解释不同国家长期增长问题。世界经济长期增长的历史过程显示，随着时间的推移，一国的经济增长率始终存在上升的趋势；而从比较世界各国的情况来看，发达国家与大多数发展中国家的差距是日益扩大而非缩小。若是按照新古典增长模型，由于资本边际收益递

---

① Solow（1957）认为，对于总量生产函数 $Q = F(K, L, t)$，其中 t 是表示技术变化的因子，技术变化是指诸如劳动力教育的改进等等因素，如果技术变化是中性的，总量生产函数可以采用 $Q = A(t) f(K, L)$ 的形式，若 $\frac{\dot{F}}{F}$ 是时间的常数且等于 a，则 $A(t) = e^{at}$。

减，资本较为匮乏的发展中国家的资本收益率应该高于发达国家，资本的流动方向应该是富国流向穷国，发展中国家的增长率应该高于发达国家。而实际情况并非如此，例如大部分国际贸易和国际投资都发生在富国之间。另一方面，既然技术是外生的，后发国家可以借用发达国家的发明，因此在发达国家出现的新发明和创新的时候，发展中国家的增长率将会提高，而实际情况恰恰相反，发达国家的创新并没有缩小差距，而是扩大了发达国家和发展中国家之间的鸿沟。

这一切说明索洛模型还存在很大不足，出于此，经济学家们致力于解释和探索技术进步和效率提高的深层次原因，舒尔茨（Theodore W. Schultz）的人力资本理论指出技术进步来源于人力资本投资，即人的知识积累和技能提高。人力资本和物质资本不同，它是报酬递增的重要源泉。因此，专业化、人力资本积累和报酬递增总是和现代经济增长相伴而行的。罗默也根据世界经济增长的基本事实，得出生产是收益递增的结论，并开创和发展了内生增长理论。

20 世纪 80 年代中期以来，以罗默（1986）和卢卡斯（1988）为代表，兴起的内生增长模型试图改进索洛模型，将全要素生产率或一般意义上的效率改进内生化，掀起了近年来增长理论研究的新热潮。在新增长理论研究的热潮中，多种多样的内生因素或机制被引入到增长模型中，例如罗默在生产函数中引入了知识或思想（Idea）因素，认为由于知识的非竞争性和部分排他性使技术发明和研发具有正的外部性，而导致整个经济出现规模报酬递增的结果，并且通过引入一个研发部门来解释技术进步的内生来源。卢卡斯则用人力资本的外部性来解决新古典增长模型中需要用人力资本存量差异才能解释的国别收入差异的问题，认为从传统农业经济向现代经济增长转型的关键在于人力资本积累率的提高。[1]

在推进理论研究的同时，经济学家们做了大量的实证研究，检验不同的内生理论模型的可靠性。在这些研究中，他们发现与经济增长有关的因素非常多，都着重考察技术进步得以实现的各种机制，例如产品品种增加、产品质量升级、边干边学、人力资本积累、知识积累、技术模仿、研发投资、政府政策、开放程度、金融发展，甚至政治稳定等等。总体上说，不存在经济增长的简单决定因素，但可以肯定的一点是制度和管理至关重要。宏观经济发展中，

---

① 卢卡斯，《经济发展讲座》，罗汉、应洪基译，江苏人民出版社，2003 年版，第 16 页。该书收录了卢卡斯有关经济增长的主要论文。

克服制度比如市场、产权和法治方面的障碍是实现经济成功的指路明灯，而微观企业管理的成功是保证经济中生产和消费等环节充满活力的前提，没有企业经营和生产的成功，宏观经济会失去发展的基础。

阿布拉莫维茨（Moses Abramovitz）把美国从 19 世纪初到 20 世纪末将近200 年的经济增长分为 5 个时段计算了它们的经济增长来源。其中，第一阶段（1800 ~ 1855）为"向初级工业化转变阶段"，增长主要依靠劳动投入的增加；第二阶段（1855 ~ 1890）为"向高级工业化转变的早期工业化阶段"，增长主要依靠资本深化，而不是技术进步，其中全要素生产率的贡献只占 36%；第三和第四阶段（1890 ~ 1966）为高级工业化阶段，经济增长主要以效率提高为基础，全要素生产率的贡献分别提高到 70% 和 78%。具体见表 5.1：

表 5.1　美国增长源泉的核算[①]

	资本收入份额 β (1)	年均增长（%）				全要素生产率贡献 (%) (6) = (5)/(2)
		劳动生产率 $G(Y/L)$ (2)	资本劳动比率 $G(K/L)$ (3)	资本的贡献 $\beta G(K/L)$ (4) = (1) × (3)	全要素生产率 $G(A)$ (5) = (2) - (4)	
1. 1800 ~ 1855	0.34	0.4	0.6	0.2	0.2	50
2. 1855 ~ 1890	0.45	1.1	1.5	0.7	0.4	36
3. 1890 ~ 1927	0.46	2.0	1.3	0.6	1.4	70
4. 1929 ~ 1966	0.35	2.7	1.7	0.6	2.1	78
5. 1966 ~ 1989	0.35	1.4	1.8	0.6	0.8	57

注：Y 为 GDP；L 为劳动小时数；K 为固定资本总额

萨缪尔森（1992）则在对美国经济数据进行计算后指出，在 1900 ~ 1984年美国每年人均 2.2% 的增长率中，只有 0.5% 是由资本深化带来，而 1.7% 来源于效率提高。萨缪尔森指出，在现代经济增长中，随着效率的提高，用同样多的资源投入将可以生产出更多的产品，这阻止了利润率的下降。可见美国经济增长也经历了由要素投入驱动为主向效率提高为主的转变过程。

关于"东亚奇迹"的争议，Krugman（1994）认为东亚的经济增长可以完全归因于劳动和资本等要素投入的增加，而不是生产率的提高，因此谈不上什

① 资料来源：M. Abramovitz（1993）："The Search of the Sources of Growth：Area of Ignorance, Old and New"，Journal of Economic History，转引自速水佑次郎（1998）：《发展经济学——从贫困到富裕》，北京：社会科学文献出版社，2003 年版，第 143 页。

么"奇迹"。从刘遵义（1997）关于东亚经济增长的源泉的计算，可以看出，东亚新兴工业化的增长率确实很高，但同时投入增长也相对几个发达国家更高。这意味着在东亚经济体的经济增长中，效率提高的贡献很小，甚至为负数。如表5.2 所示。

表5.2　产出和度量的投入的年均增长率① （年率%）

	时期	GDP	资本存量	利用的资本	就业	劳动小时	人力资本	R&D 资本
中国香港	1966～1990	7.8	9.0	8.7	2.9	2.6	2.3	–
新加坡	1965～1990	9.0	10.4	11.3	4.4	4.3	3.4	15.9
韩国	1964～1990	9.0	13.0	13.0	3.2	3.8	3.7	14.6
中国台湾	1964～1990	9.0	12.1	12.2	3.2	2.9	2.4	14.5
日本	1964～1992	5.5	8.0	8.1	1.2	0.5	0.8	8.9
法国	1964～1991	3.2	5.2	5.2	0.5	−0.3	1.3	5.0
西德	1965～1991	3.0	4.4	4.4	0.0	−0.6	1.1	5.7
英国	A1965～1991	2.1	3.8	3.7	0.3	−0.3	0.9	2.1
美国	1949～1992	3.0	3.1	3.2	1.6	1.5	0.8	6.1

在表5.2 的基础上，刘遵义（1997）计算了各因素对经济增长的相对贡献，如表5.3 所示，对亚洲新兴工业化经济来说，物质资本对经济增长的贡献为68%～85%，劳动力则贡献了其余的部分，效率改进和技术进步对经济增长的贡献不显著。

表5.3　经济增长源泉的相对贡献 ② （年率%）

	有形资本	劳动力	技术进步
中国香港	74	26	0
新加坡	68	32	0
韩国	80	20	0
中国台湾	85	15	0
日本	56	5	39
非亚洲工业化经济	36	6	59

① 数据来源：刘遵义，东亚经济增长的源泉与展望，《数量经济技术经济研究》，1997 年第10 期，第90 页，表1。

② 数据来源：刘遵义，东亚经济增长的源泉与展望，《数量经济技术经济研究》，1997 年第10 期，第90 页，表2。

通过对上述数据的比较，刘遵义认为技术进步是工业化经济（除了日本）总量实际产出增长的最重要源泉，并据此指出，产出增长完全能够由投入来解释并不仅限于新兴工业化经济，早期的日本、美国等工业化经济也存在类似现象，这不过说明在经济发展的早期阶段有形资本的积累和它的有效配置对经济增长的中心作用。他特别强调，仅仅依靠资本积累是不够的，极为重要的是资本的有效配置。在他看来，虽然以投入为基础的增长最终确实是有限的，但新兴工业化经济基于投入的经济增长还会有很长一段时间。这一论点也证实了本书区分生产投入为配置型投入和激励型投入的合理性与重要性。同时，他认为东亚经验进一步证实了物质资本与反映物质资本投资效果的技术进步是互补的，物质资本越多，则无形资本的作用越大。最后，他认为东亚的持续增长取决于三个条件：其一是保持物质资本的增长；其二是保持物质资本投资的有效性；其三是缩小无形资本的差距。①

刘遵义（1996）还计算了中国增长的各要素贡献率，其中资本的贡献率为 92.2%，劳动力的贡献率为 9.2%，技术进步则为 -1.4%。资本、劳动和技术进步在经济增长中的贡献率，日本分别为 62.9%，4.7%，32.4%；新加坡分别为 60%，20.9%，19.1%；法国分别为 37.8%，-3.35%，63.55%；美国分别为 32.95%，26.2%，40.9%。由此，刘遵义认为中国还处在克鲁格曼所说的"流汗"即靠资源投入增加维持高增长率的增长道路上。②

通过对上述理论文献和经济事实讨论后，吴敬琏（2008）认为现代经济增长中效率提高的主要源泉在于现代技术的兴起、服务业的全面发展和信息技术革命等。而与科学技术相关的技术之所以兴起，在于科学研究和技术创新活动的制度化，建立起了有利于科学繁荣和技术创新的整套制度。服务业的发展则不但降低了加工成本，更重要的是它能降低交易成本。随着分工的深化和交易成本在社会总成本中比重的提高，服务业对降低社会总成本的作用更加突出，建立强大有效的服务业成为改善社会整体经济效率的基本手段。信息技术革命的最重要进展来自信息的收集、存储、传输和处理方面。它对经济发展的积极影响是在信息技术发展到一定程度后与各个经济领域的技术相互结合后，才表现出对整体经济效率改进的巨大影响。为此，吴敬琏认为要提高我国经济

① 刘遵义，东亚经济增长的源泉与展望，《数量经济技术经济研究》，1997 年第 10 期，第 88～97 页。

② 参见《香港中文大学校长：汇率报复案不合理也不合法》，2005 年 4 月 20 日，http://business.sohu.com/20050420/n225260057.shtml.

效率，应该促进与科学相关的技术在国民经济各领域中的运用，推动技术创新和产品升级；同时要大力发展服务业，特别是生产性服务业；并且要充分利用信息通信技术，提升国民经济各部门的效率。我国作为一个发展中大国，还应当利用大量农村富余劳动力从相对低效的农业向相对高效的城市非农产业转移的机会，提高国民经济的整体效率。

郑京海等（2008）也认为中国最近的经济发展有两个方面令人非常担忧。宏观层面上，增长一直主要是投资驱动的，引发了经济中的一系列不平衡。诸多宏观调控措施被采用，以抑制经济由快速发展变成过热。在微观层面上，许多公司的财务业绩很差，效率低，缺乏技术革新。沈坤荣教授（2010）也认为我国经济结构的巨大变化可以归因于工业化进程的稳步推进和服务业的高速增长，工业和服务业较强的承载能力是其推动经济增长的主要原因。①

总之，在驱动经济增长的诸多因素中除了资本等要素投入、结构调整和制度创新等之外，管理要素在现代经济增长中对效率提高的作用很重要，管理要素对于经济增长的重要性在前几章也已经有较充分的论述，但管理要素对效率的作用过程并没有得到理论界的详尽分析。为此，有必要把管理要素纳入效率分析的框架。一方面，在经济增长中我们要重视有形物质资本投资的合适增长，恰当配置资本对于增进效率的作用；另一方面又要重视效率来源中无形资本的作用，这种作用不仅在于技术进步，而且还有管理要素的重要贡献。因此，从管理要素投入的角度分析 TFP 的来源是一个值得尝试的有用做法。

第二节　TFP 测度方法的比较与选择

全要素生产率（TFP）及其变动是度量企业的生产率水平和生产率变化的指标。TFP 增长率的测算方法，从 TFP 产生到发展，主要经历了索洛余值法、超越对数法、随机前沿生产函数法、非参数 Malmquist 生产率指数法等几个阶段。从理论上可以把这些生产率的度量方法分为两大类即生产函数法和指数估计法。生产函数法是将投入与产出限定在一定的函数关系下进行生产率的度量，例如索洛余值法应用 C－D 生产函数，超越对数法应用超越对数函数，还有应用不变替代弹性生产函数和可变替代弹性生产函数等等进行计算的方法。

---

① 参见沈坤荣：中国经济增长的动力机制与发展方式转变，中国改革论坛网，2010 年 10 月 26 日，http：//www. pbgchina. cn/newsinfo. asp？newsid = 19509。

指数法则是对产出和投入的各变量进行汇总形成指数，然后计算其比值。

Aigner 和 Chu（1968）提出边界生产函数；Jorgenson 等（1973）提出超越对数生产函数取代柯布—道格拉斯生产函数。Aigner, Lovell 等于 1977 年提出随机前沿生产函数，随机前沿生产函数的方法允许技术无效率的存在，即将全要素生产率的变化分解为技术进步（生产可能性边界的移动）和技术效率的改进。利用随机前沿生产函数的方法，Schmidt（1986）、Kumbhakar（1990）、Bauer（1990）、Battese 和 Coelli（1988，1995）等研究了技术效率。

全要素生产率的另一种估计方法为全要素生产率指数估计，其基本思想是用产出指数与投入要素之比来度量全要素生产率指数。1994 年，Fare, Grosskopf 和 Norris, et al. 建立了用来考察全要素生产率增长的 Malmquist 生产率指数，进而应用 Shephard 距离函数（Distance Function）将全要素生产率变化分解为技术变动与技术效率变动。利用 DEA（数据包络分析）技术，可以求解上述 Malmquist 生产率指数，DEA 是一种最常用的非参数前沿效率分析方法，目前 DEA 已经成为一种与传统计量经济方法并驾齐驱的投入产出效率研究方法。

一、测算 TFP 的生产函数法

Nadiri（1970）对 TFP 的计算方法做了一个较为全面的文献分析，认为最常用和最重要的是劳动和资本的有偏生产率指数和全（多）要素生产率指数。其中，全要素生产率被定义为每一单位劳动和资本组合的产出。全要素生产率指数为：

$$A = Q/(aL + bK) \tag{5.1}$$

其中，Q、L、K 分别是总产出水平、劳动投入和资本投入，a、b 是某种产出权重参数。Nadiri（1970）指出肯德里克（Kendrick, 1961）的代数方法和索洛（Solow, 1957）的几何指数法是经验研究中最常用的两类指数。肯德里克对 dA/A 的估计方法使用了分配方程，他假定存在一个齐次生产函数，并且满足欧拉条件的总生产函数为：

$$Q = \frac{tKL}{(cL^\rho + dK^\rho)^{1/\rho}} \tag{5.2}$$

生产函数是有不变替代弹性（σ）的线性齐次生产函数，其中 $\sigma = 1/(1 + \rho)$，c 和 d 是效率参数，ρ 是弹性参数，t 是非体现中性技术进步。由此得出：

$$\frac{dA}{A} = \frac{Q_1/Q_0}{(wL_1 + rK_1)(wL_0 + rK_0)} - 1 \tag{5.3}$$

w 和 r 分别是劳动价格工资率和资本回报率。根据上述计算方法，Kendrick 和 Sato（1963）使用 1919~1960 年间美国经济数据，计算得出 $\sigma = 0.6$，生产函数为：

$$Y = A_0 e^{0.21t} \frac{KL}{(cL^{2/3} + dK^{2/3})^{3/2}} \tag{5.4}$$

Nadiri（1970）认为从 $\frac{dA}{A} = \frac{dY}{Y} - \alpha\frac{dL}{L} - \beta\frac{dK}{K}$ 式可知，索洛剩余值的大小及其稳定性取决于：生产函数的形式对劳动和资本边际产出的决定作用；劳动和资本投入量合适的估测方法及对其质量变化的调整；劳动和资本以外的被生产函数遗漏的其他变量例如企业家能力、存货等的重要性。如果对被生产函数遗漏的第三个因素加以考虑，则生产函数为 $Y = AL^a K^\beta E^\gamma$，其中 E 是遗漏的变量。那么相应的生产率关系式将会是：

$$\frac{dA}{A} = \frac{dY}{Y} - \alpha\frac{dL}{L} - \beta\frac{dK}{K} - \gamma\frac{dE}{E} \tag{5.5}$$

如果三种投入每一种投入都支付其边际产品并且产出被分配净尽，那么 E 对总生产率的贡献就是 $\frac{dA}{A}$ 部分。[①] 可见，寻找一个恰当的第三变量补齐被生产函数遗漏的变量，对于分析全要素生产率意义重大。

关于索洛核算法，张军（2003）在分析中国的工业改革与经济增长问题并作出解释时详细介绍了TFP 的测算方法。对于一个包括资本投入（K）和劳动投入（L）的生产过程，则其综合要素投入可以用如下形式表示：

$$X = L^a K^\beta \tag{5.6}$$

其中 a 和 β 分别为正规化后的劳动和资本的产出弹性，即 $a + \beta = 1$。若产出为 Y，已有理论计算全要素生产率的公式为：

$$\text{TFP} = Y/X = Y/(L^a K^\beta) \tag{5.7}$$

对上式求全微分并整理，得到：

$$\frac{d\text{TFP}}{\text{TFP}} = \frac{dY}{Y} - \alpha\frac{dL}{L} - \beta\frac{dK}{K} \tag{5.8}$$

若分别用 a、y、l 和 k 代表 TFP、Y、L 和 K 的增长率，由（5.8）式得：

$$a = y - al - \beta k$$

---

① 参见 Nadiri, M. I. , "Some Approaches to the Theory and Measurement of Total Factor Productivity：A Survey", Journal of Economic Literature, 1970,（Dec）Vol. 8 Issue 4, pp. 1137~1177.

其中 al 和 βk 分别是劳动和资本的产出弹性，代表劳动和资本的增长所导致的产出增长，因此，全要素生产率的增长体现的是要素投入的增长所不能解释的那部分产出增长。理论界通常又把它称为广义技术进步，在索洛的增长核算中这部分又称为"索洛剩余"。到目前为止，测度全要素生产率变动最流行的方法是索洛余值法，即利用 $a = y - al - \beta k$ 式来计算全要素生产率的增长率。

由于产出、劳动投入和资本投入的增长率可以通过对统计数据的处理直接得到，因此使用这一方法的关键是准确估计劳动和资本对产出增长的贡献的系数值 a 和 β。通常人们使用计量方法来得到这一系数。

第一种使用生产函数法测算 TFP 的方法是计量回归法，即通过对企业生产函数的回归估计出劳动和资本的产出弹性，用产出弹性作为 a 和 β 的估计值。具体地说，作为生产函数法中的一种，假设企业的生产函数为柯布—道格拉斯生产函数：

$$Y = AL^{\alpha_L}K^{\alpha_K} \tag{5.9}$$

对上式取对数形式，则有：

$$\ln Y = \ln A + \alpha_L \ln L + \alpha_K \ln K \tag{5.10}$$

根据产出、资本和劳动的统计数据，利用最小二乘法（OLS）就可以估计出劳动和资本的产出弹性 α_L 和 α_K。计算出来的 $\alpha_L + \alpha_K$ 不一定等于 1，然而根据全要素生产率的定义，必须满足 $a + \beta = 1$ 的条件，因此需要对 α_L 和 α_K 进行正规化处理，即令：

$$\alpha = \alpha_L / (\alpha_L + \alpha_K), \beta = \alpha_K / (\alpha_L + \alpha_K)$$

因此，$a + \beta = 1$ 的条件得到满足，将 a 和 β 代入索洛剩余的公式中，就可以得到 TFP 的增长率：

$$a = y - al - \beta k \tag{5.11}$$

如果假设企业的生产函数为超越对数生产函数，即：

$$\ln(Y_t) = \alpha_0 + \alpha_L \ln(L_t) + \alpha_K \ln(K_t) + \frac{1}{2} \cdot \alpha_{LL} \ln^2(L_t)$$

$$+ \frac{1}{2} \cdot \alpha_{KK} \ln^2(K_t) + \alpha_{LK} \ln(L_t) \ln(K_t) \tag{5.12}$$

当 $\alpha_{LL} = \alpha_{KK} = \alpha_{LK} = 0$ 时，上式简化为：

$$\ln(Yt) = \alpha 0 + \alpha L \ln(Lt) + \alpha K \ln(Kt) \tag{5.13}$$

柯布—道格拉斯函数是超越对数函数的二次项系数为 0 时的一种特殊形式。由于超越对数生产函数中含有二次项，则产出弹性不仅仅是 α_L 和 α_K，而且也和展开式中变量取值以及二次项系数有关，因此是变动的。根据该超越对数生产函数所定义的劳动和资本的产出弹性应该分别是：

$$S_{Lt} = \alpha_L + \alpha_{LL}\ln(L_t) + \alpha_{LK}\ln(K_t) \tag{5.14}$$

$$S_{Kt} = \alpha_K + \alpha_{KK}\ln(K_t) + \alpha_{LK}\ln(L_t) \tag{5.15}$$

正规化处理后可以得到索洛剩余公式中的 α 和 β 的估计值：

$$\alpha_t = S_{Lt}/(S_{Lt} + S_{Kt}) \tag{5.16}$$

$$\beta_t = S_{Kt}/(S_{Lt} + S_{Kt}) \tag{5.17}$$

如此一来，第 t 期的 TFP 增长率就为：

$$a_t = y_t - \alpha_t l_t - \beta_t k_t \tag{5.18}$$

如果假设企业生产函数是不变替代弹性（CES）生产函数，即：

$$Y = A[\delta L^{-\rho} + (1 - \delta)K^{-\rho}]^{-\mu/\rho} \tag{5.19}$$

式中，Y、K、L 分别表示产出、资本投入和劳动投入，A 表示时间因素，μ 表示规模报酬，δ 表示分配系数；$1/(1 + \rho)$ 表示替代弹性。CES 生产函数对于不同的研究对象，或者同一研究对象的不同样本区间，由于样本观测值不同，要素替代弹性 $1/(1 + \rho)$ 是不同的，因此 CES 生产函数比 C - D 生产函数更加贴近现实。当 $\rho = 0$ 时，则 CES 生产函数就变成 C - D 生产函数，两者不同之处在于替代弹性不同，前者为 $1/(1 + \rho)$，后者为 1。

根据生产者均衡的必要条件，有：

$$\frac{w}{r} = \frac{\delta}{1 - \delta}\left(\frac{L}{K}\right)^{-(\rho+1)} \tag{5.20}$$

式中，w、r 分别表示工资报酬和资本价格。对上式两边取对数进行线性化处理，得：

$$\ln\frac{w}{r} = \ln\left(\frac{\delta}{1 - \delta}\right) - (\rho + 1)\ln\left(\frac{L}{K}\right) \tag{5.21}$$

利用所能观测到的 w、r、L 和 K，即可回归估计出 δ、ρ 值，把 δ、ρ 值代入：

$$\ln Y = \ln A + \mu\delta\ln L + \mu(1 - \delta)\ln K - \frac{1}{2}\rho\mu\delta(1 - \delta)(\ln L - \ln K) \tag{5.22}$$

$$\frac{\dot{Y}}{Y} = \frac{\dot{A}}{A} + \mu\delta\frac{\dot{L}}{L} + \mu(1 - \delta)\frac{\dot{K}}{K} - \frac{1}{2}\rho\mu\delta(1 - \delta)\left(\frac{\dot{L}}{L} - \frac{\dot{K}}{K}\right) \tag{5.23}$$

便可估计出 μ 和 $\frac{\dot{A}}{A}$ 值，即可求得不变替代弹性生产函数的生产率的增长率。

此外，还可把劳动报酬和资本报酬占净产出的比重作为 α 和 β 的近似值。

同样假设企业的生产函数为：$Y = AL^{\alpha_L}K^{\alpha_K}$，且满足规模报酬不变的假设，即 $\alpha_L + \alpha_K = 1$。则资本和劳动的边际产出分别为：

$$\frac{dY}{dL} = \alpha_L AL^{1-\alpha_L}K^{\alpha_K} = \alpha_L Y/L \qquad (5.24)$$

$$\frac{dY}{dK} = \alpha_K AL^{\alpha_L 1-\alpha_K}_K = \alpha K Y/K \qquad (5.25)$$

因为在生产者均衡情况下，劳动和资本的价格应等于其边际产出，即：

$$P_L = dY/dL = \alpha_L Y/L \qquad (5.26)$$

$$P_K = dY/dK = {}_\alpha K Y/K \qquad (5.27)$$

则劳动报酬和资本报酬占净产出的比重分别额是：

$$r_L = P_L L/Y = \alpha_L, r_K = P_K K/Y = \alpha_K$$

也就是说，在满足竞争性生产者均衡的条件下，劳动和资本报酬占净产出的比重直接就等于劳动和资本的产出弹性，因此可以近似地用劳动和资本的报酬占净产出的比重作为 a 和 β 的估计值来计算 TFP 的增长率。

另外一种常用的生产函数方法是随机前沿生产函数法。以上方法中，可以把索洛剩余或者 TFP 的增长理解为技术进步。但是从理论上说，这需要满足一个条件，即企业要具有 100% 的技术效率水平。也就是说，在给定的技术条件和投入约束条件下，企业的产出达到了最大化，换言之，企业总是在它的生产可能性前沿（或边界）上进行生产。但这个条件很难满足，多数企业都是在其生产可能性前沿内部进行生产。在这种情况下，不仅技术水平的绝对变化（即技术进步）会影响 TFP，技术效率的变化也会影响 TFP，或者说，甚至没有发生技术进步，但是技术效率的改善也应该会导致全要素生产率的上升。这就引出了所谓生产前沿方法。这个方法实际上分解了 TFP 的变动源泉，因此在经验研究中很有价值。具体如下。

假设企业 i 的生产函数为：

$$\ln Y_i(t) = \alpha_0 + \alpha_T t + \alpha_L \ln L_i(t) + \alpha_K \ln K_i(t) + u_i(t) \qquad (5.28)$$

其中 $u_i(t) \leq 0$，代表企业 i 的技术非效率；当 $u_i(t) = 0$ 时，企业 i 处于其生产可能性前沿上。企业 i 的技术效率定义为：

$$TE_i(t) = \frac{\text{企业 } i \text{ 的实际产出}}{\text{企业 } i \text{ 的最大可能产出}} = e^{u_i(t)}$$

由于 $u_i(t) \leq 0$，所以企业 i 的技术效率 $0 < TE_i(t) \leq 1$。对生产函数两边求全微分，并整理得到：

$$dY_i(t)/Y_i(t) = \alpha_T + \alpha_L dL_i(t)/L_i(t) + \alpha_K dK_i(t)/K_i(t) + u'_i(t)$$

$$(5.29)$$

因为 $u'_i(t) = dTE_i(t)/TE_i(t)$, 所以企业 i 的 TFP 的增长率为:

$$\frac{d[TFP_i(t)]}{TFP_i(t)} = \alpha_T + \frac{d[TE_i(t)]}{TE_i(t)} \qquad (5.30)$$

TFP 增长率 = 技术进步率 + 技术效率变化率。与索洛余值法不同的是, 随机前沿生产函数法把 TFP 的变化分解为技术进步和相对的技术效率的变化两部分。

如图 5.1 所示, 索洛余值法和随机前沿生产函数法所得到的 TFP 增长率的区别和联系在于: 在索洛余值法中, 企业被假定为具有 100% 的技术效率。因此在 t 时期, X_1 的投入水平下, 产出水平为 Y_1^t , 在 $t+1$ 时期, X_2 的投入下, 产出为 Y_2^{t+1} 。技术进步的产出贡献由两条生产可能性前沿 (图中用虚线表示) 的垂直距离 TC 表示, 投入的增长对产出的贡献由 ΔX 表示, 于是有:

$$Y_2^{t+1} - Y_1^t = (Y_2^{t+1} - Y_1^{t+1}) + (Y_1^{t+1} - Y_1^t) = \Delta X + TC \qquad (5.31)$$

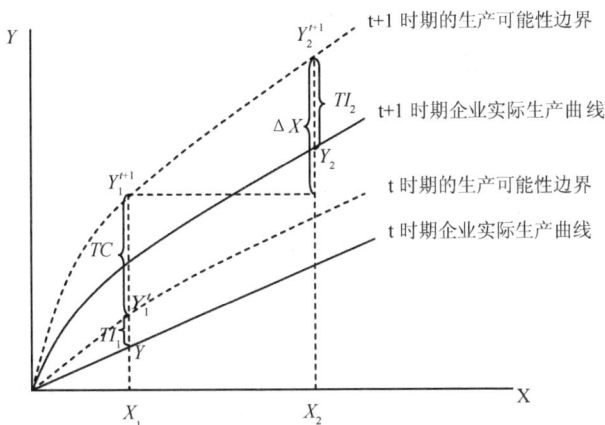

图 5.1　索洛余值法与随机前沿生产函数法测算的 TFP 比较

由索洛余值法得到的全要素生产率的变化为:

$$\Delta TFP = \Delta Y - \Delta X = TC \qquad (5.32)$$

然而, 真实的企业并不具有 100% 的效率, 因此企业的实际生产曲线 (图中用实线表示) 是在生产可能性前沿之下, 实际生产曲线与生产可能性曲线的垂直距离度量了企业的技术非效率 (technical inefficiency, 简称 TI) 的程度。在 t 时期, X_1 的投入下, 实际的产出为 Y_1 , 在 $t+1$ 时期, X_2 的投入下, 实际产出为 Y_2 。于是有:

$$Y_2 - Y_1 = (Y_2^{t+1} - Y_1^t) + (Y_1^{t+1} - Y_1^t) + [(Y_1^{t+1} - Y_1) - (Y_2^{t+2} - Y_2)]$$

$$= \Delta X + TC + (TI1 - TI2) \tag{5.33}$$

则由随机前沿生产函数法得到的 TFP 的变化为：

$$\Delta TFP = TC + (TI_1 - TI_2) \tag{5.34}$$

也即是说，在 TFP 的变化中，除了技术进步因素之外，还有技术效率的变化。当技术效率提高时，即 TI 下降时，TFP 的增长率将高于技术进步率。[①]

二、测算 TFP 的数据包络分析（DEA）法

Charnes，Cooper 和 Rhodes（1978）首先提出了数据包络分析（Data Envelopment Analysis）方法，简称 DEA 方法。数据包络分析方法是按照多种投入和多种产出的观察值，运用线性规划方法构建观测数据的非参数分段曲面（或前沿），然后相对于这个前沿面来计算效率，对同种类型单位如企业进行相对有效性评价的一种方法。

非参数 Malmquist 生产率指数法通常是直接利用线性优化方法给出每个决策单元的边界生产函数的估算，从而对效率变化和技术进步进行测度。这种方法基于距离函数定义的 Malmquist 生产率指数，Malmquist 生产率指数变动值即为 TFP 变动值。由于距离函数是效率函数的倒数，因此技术效率的概念是估算 Malmquist 生产率指数的基础。技术效率有两种定义方式，一种是基于投入的技术效率，即在一定产出下，以最小投入与实际投入之比来估计；另一种是基于产出的技术效率，即在一定的投入组合下，以实际产出与最大产出之比来估计。

非参数方法—数据包络分析方法的最大优点是它能把观察值到前沿面的偏差都当作无效率的结果，完全忽略了测度的误差，它不需要任何具体函数形式或分布假设，对各种形式的投入产出都能适用。Malmquist 生产率指数方法，就是基于数据包络分析方法提出的，主要优点是不需要相关的价格信息，适用于多个国家或地区跨时期的样本分析，而且可以进一步分解技术效率变化指数和技术进步指数。

基于对上述计算 TFP 方法的简要比较，由于管理要素本身的激励性特征、报酬递增的规律性、作为知识性要素的积累性及其在生产函数中与资本、劳动要素的产出弹性关系，本书把管理要素作为与资本要素、劳动要素有同等地位的生产要素，纳入 C－D 生产函数，利用拓展的索洛核算法对引入管理要素后

---

① 参见张军：《中国的工业改革与经济增长：问题与解释》，上海三联书店、上海人民出版社，2003 年版，第 164～174 页。

的 TFP 进行重新计算。

第三节 引入管理要素后对 TFP 的计算

一、数据的选取和说明

本章选取我国 1986 至 2008 年间的 23 个年度工业总产出及相关数据作为样本数据,详细数据来自中国统计年鉴。其中资金投入 K 是各年固定资产净值年平均余额与流动资金年平均余额之和,劳动投入 L 以年平均职工人数计算,工业总产值 Y 作为产出项,利润 M 近似作为企业的管理投入。

表 5.4 1986～2008 年工业总产值和部分投入、PPI 价格指数表①

项目 年份	工业总产值 Y (千亿元)	劳动力 L (千万人)	资金 K (千亿元)	利润 M (千亿元)	利润占工业 总产值比 m	价格指数 (1985＝100)
1986	9.4447	6.8296	8.1512	1.193	0.126314	1.118
1987	11.4145	7.1178	9.5324	1.307	0.114503	1.236
1988	14.708	7.3514	11.513	1.558	0.105929	1.354
1989	17.5942	7.4624	14.0894	1.559	0.088609	1.472
1990	18.6951	7.4695	17.0752	1.271	0.067986	1.59
1991	22.0938	7.7903	23.8295	1.4202	0.064271	1.689
1992	27.7314	7.9197	29.035	1.4601	0.052648	1.804
1993	39.6773	8.2849	39.8203	–	0.037805	2.237
1994	50.5756	8.5112	50.8208	1.5675	0.030993	2.673
1995	54.9469	8.4559	60.9218	1.6349	0.029754	3.071
1996	62.7402	8.1941	72.3562	1.4897	0.023744	3.16
1997	68.3527	7.8928	82.9607	1.7035	0.024922	3.15
1998	67.7371	6.1958	89.5574	1.4581	0.021526	3.021
1999	72.707	5.8051	94.9249	2.2882	0.031472	2.948
2000	85.6737	5.5594	103.7027	4.3935	0.051282	3.031

① 数据来源:中国统计年鉴(1986～2008 各年)、部分数据来自各年度国民经济和社会发展统计公报。表中部分数据是作者根据原始数据进行了计算所得。其中资金是各年固定资产净值年平均余额与流动资金年平均余额之和,劳动力是年平均职工人数,利润占工业总产值比用利润数除以工业总产值数得出。

项目 年份	工业总产值 Y （千亿元）	劳动力 L （千万人）	资金 K （千亿元）	利润 M （千亿元）	利润占工业 总产值比 m	价格指数 （1985 = 100）
2001	95.449	5.4414	111.9242	4.7334	0.049591	2.992
2002	110.7765	5.5207	120.281	5.7845	0.052218	2.926
2003	142.2712	5.7486	137.5562	8.3372	0.058601	2.993
2004	201.7222	6.6221	170.5379	11.9293	0.059137	3.176
2005	251.6195	6.896	195.3622	14.8025	0.058829	3.332
2006	316.589	7.3584	231.0914	19.5044	0.061608	3.432
2007	405.177	7.8752	275.47027	27.155	0.067020	3.538
2008	507.448	8.8376	339.19962	30.562	0.060227	3.782

因为在新古典经济学理论中管理要素或企业家才能的报酬是正常利润，当然假设条件是完全竞争的市场，但我国的现实是大多数规模以上企业都是国有企业，这些企业不同程度地存在垄断成分，甚至有很大的垄断势力，但利润的规模直接反映了企业经营管理的好坏，某种程度上反映了管理要素作用的结果。因为一般来说经营管理得好的企业都有正的利润，而亏损企业一般都是经营不善的企业。在数据处理上，以 1985 年为基期（$P_{1985} = 100$）用工业品出厂价格指数（定基价格指数）分别折算出各年度实际的工业生产总值、资金和利润。数据见表 5.4。

二、计量模型和回归结果

在前面部分论述的内生增长模型中，管理要素具有报酬递增性和积累性，据此我们构建一个具体的宏观生产函数，如下：

$$Y = Ae^{\alpha m}L^{\beta}K^{\gamma} \qquad (5.35)$$

新生产函数方程式中，L、K、m 分别代表劳动、资本和管理，α、β、γ 分别代表管理、劳动和资本的产出弹性。宏观生产中，管理要素的贡献以 $e^{\alpha m}$ 形式存在，因为在函数中加入了管理要素 m，常数 A 近似表示有知识产权和专利保护的狭义的科技进步率。根据上式可求管理要素 M 的边际产出为：

$$\frac{\partial Y}{\partial m} = A\alpha e^{\alpha m}L^{\beta}K^{\gamma} \qquad (5.36)$$

可以看出 m 的边际产出关于 m 的导数大于 0，说明此方程满足管理要素报酬递增性特征条件。

另外，按照 Nadiri（1970）的观点，在核算式中加入遗漏变量管理投入，并以利润作为企业管理投入的替代变量，考虑到管理要素的报酬递增性假设，分别用生产函数 $Y = AL^{\alpha}K^{\beta}M^{\gamma}$ 和 $Y = AL^{\alpha}K^{\beta}e^{\gamma m}$ 的对数形式进行回归，并对回归结果进行比较和选择。

首先利用 Eviews 软件包得出的散点图对工业生产的各要素投入进行分析。其中 K 表示资本，L 表示劳动，M 表示利润，m 表示利润占工业总产值比重。图 5.2、图 5.3、图 5.4 分别是 1986 至 2008 年 K 和 Y、L 和 Y、m 和 Y 的散点图。

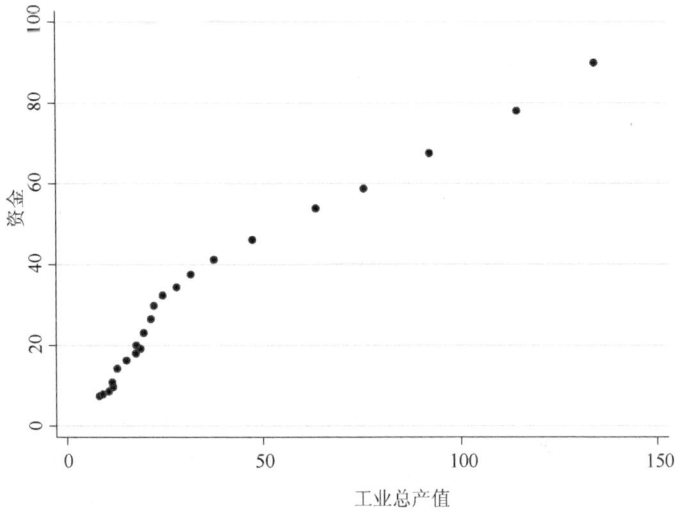

图 5.2 资本（K）和工业总产值（Y）散点图

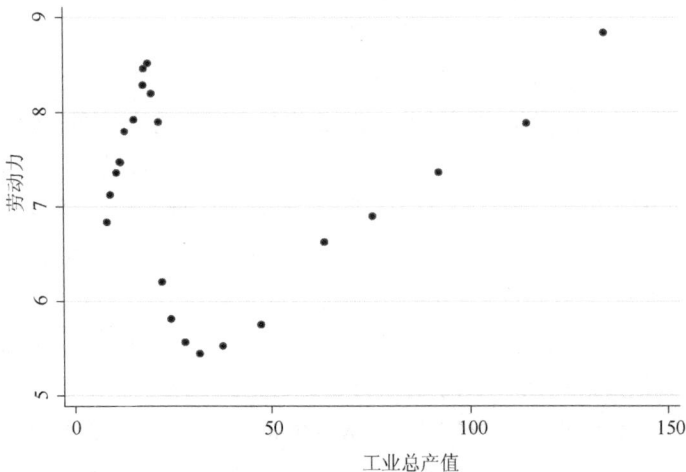

图 5.3 劳动力（L）和工业总产值（Y）散点图

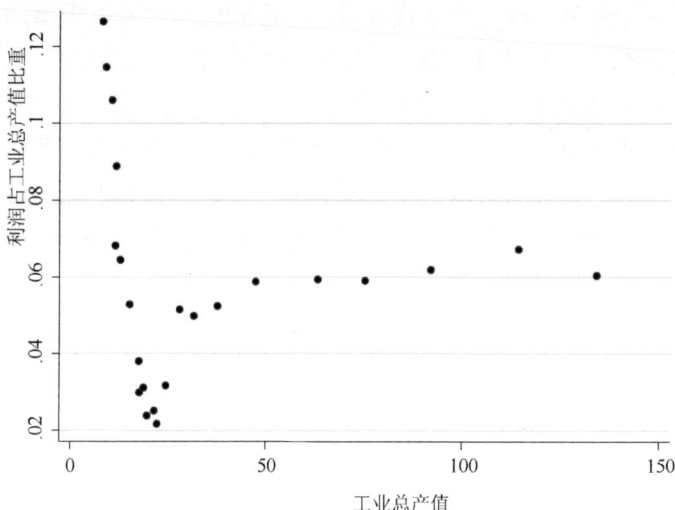

图5.4　利润占工业总产值比重（m）和工业总产值（Y）散点图

图5.2显示1986至2008年间我国工业产出的增加始终伴随着资本投入的上升。从图5.3来看，1986至1999年间工业生产中劳动要素投入始终是递减的，从1999年前后劳动力开始止跌并开始回升。图5.4表明利润作为管理要素的报酬在工业产出中的份额在1998和1999年左右由跌转升。从1986至2008年我国国民经济和社会发展统计公报显示的经济事实看，1986至2008年23年间我国处在一个改革不断深化的过程中，从国有企业开始进行部分改革到全面攻坚，乃至最后现代企业制度的建立，企业经营状况发生了逐渐的改善，经营效率得到了显著提高，使工业生产运行质量不断得到提高，工业效益明显改善。当然，中国工业现代化的过程也是一个工业固定资产投资快速增长的过程，固定资产投资是中国工业产值增长的主要驱动力。而我国进行的国企改革所形成的大量下岗职工，以及随着我国对外开放程度的加深，国外先进设备、技术和管理方法的大力引进对工业劳动力的部分替代，简单劳动向人力资本的转变减少了工业生产对劳动的需求数量，这些是我国1986至1999年间工业劳动力减少和2000至2008年间增加过慢的主要原因。

从散点图看，利用对数形式回归比较合适。首先用生产函数 $Y = AL^\alpha K^\beta M^\gamma$ 的对数形式，利用 Eviews 软件对上述统计量进行 OLS 回归，得到回归方程如下：

$$\ln Y = -0.009551 + 0.600208 \cdot \ln K + 0.465014 \cdot \ln L + 0.354808 \cdot \ln M (5.37)$$

$$(-0.059) \quad (20.792) \quad (6.928) \quad (18.027)$$

其中，括号中的数值是 t 统计量，$R^2 = 0.9971$，Ad $R^2 = 0.9967$，F 统计量为

2204.678，D－W 值为1.8485。上述回归方程中，除常数项外，其他各回归系数的t统计量都在1%的置信水平下显著。

对上述（5.37）回归方程残差的 LM 检验结果显示残差不存在序列相关。LM 检验具体结果如下：

Breusch-Godfrey Serial Correlation LM Test

F-statistic	2. 115262	Probability	0. 1512
Obs * R-squared	4. 583120	Probability	0. 1011

为了进一步证明残差序列不相关，我们对回归方程还进行了残差序列单位根 ADF 检验，残差序列单位根 ADF 检验结果中，ADF 值为 － 4. 234705（概率值 ＝0. 0040），1%的置信水平下临界值为 － 3. 808546，可见，在 1%的置信水平下，残差序列不存在单位根，即残差序列是平稳的，说明回归方程不是伪回归。

我们再利用生产函数 $Y = AL^{a}K^{\beta}e^{\gamma m}$ 的对数形式 $lnY_{t} = lnA_{t} + aln_{Lt} + \beta lnK_{t} + \gamma m_{t} + \varepsilon_{t}$ 回归，得到的回归方程为：

$$lnY = -2.4318 + 1.1906 \cdot lnK + 0.7385 \cdot lnL + 7.0230 \cdot m \quad (5.38)$$
$$(-10.52)\quad(53.837)\quad\quad(7.585)\quad\quad\quad(12.111)$$

同样，括号中的数值是相应系数的 t 统计量，$R^2 = 0.994$，Ad $R^2 = 0.993$，F 统计量为 1058. 589，D－W 值为 1.322。各回归系数的 t 统计量都在 1%的置信水平下显著。

我们对第二个回归方程的残差序列进行了 LM 检验和 ADF 单位根检验。对（5.38）回归方程残差的 LM 检验结果显示残差不存在序列相关。LM 检验具体结果如下：

Breusch-Godfrey Serial Correlation LM Test

F 统计量	3. 172013	概率值（P 值）	0. 1675
T × R^2 统计量	6. 250533	概率值（P 值）	0. 1439

残差序列单位根 ADF 检验结果中，ADF 值为 － 4. 434520（概率值 ＝ 0. 0024），1%的置信水平下临界值为 － 3. 788030，可见在 1%的置信水平下，残差序列不存在单位根，即残差序列是平稳的，残差序列的平稳性也说明各变量之间存在协整关系。高铁梅（2006）认为 ADF 方法检验一组变量（因变量

与解释变量）之间是否存在协整关系等价于检验回归方程的残差序列是否平稳。① 由此看来，第二个回归方程优于第一个回归方程。不仅仅在于第二个回归方程的常数项系数在 1% 水平显著，更为重要的是第二个回归方程是满足管理要素报酬递增性特征假说的。在我们的理论模型中由于把非体现的中性技术进步看做是管理要素实现的②，因此回归结果中的常数项更多地表示狭义科技进步对产出的影响。然而，回归结果中，常数项为负值，即看不出技术进步率对产出的正向作用，可能是因为统计数据的原因使计量结果中残差项为负，也可能是我国过去 20 多年来科技水平实际并没有提高，而且还有可能是下降了。③

三、美国数据的再检验

使用美国数据按照生产函数 $Y = AL^{\alpha}K^{\beta}e^{\gamma m}$ 的对数形式进行计量回归。选取 1970 ~ 2006 年间美国的 GDP（Y）、资本形成总额（K）、劳动力（L）和经营性收入（M）等数据。④ 其中，对 GDP 用 GDP 平减指数折算，对资本形成总额 K 和经营性收入 M 用生产者价格指数（PPI）进行折算，各类指数都以 2000 年价格为不变价格。管理投入 M 近似用经营性收入代替。⑤ 回归方程中的变量 m 用数据 M 除以 GDP 计算得出。

计量模型为：

$$lnY_t = lnA_t + \gamma lnK_t + \beta lnL_t + am_t + \varepsilon_t \qquad (5.39)$$

对各序列单位根检验，检验结果表明序列平稳，可以回归，回归结果

---

① 高铁梅：《计量经济分析方法与建模：Eviews 应用及实例》，清华大学出版社，2006 年。

② 在索洛增长核算式 $Yt = Ae^{at}Lt^{\beta}Kt^{\gamma}$ 中，t 是非体现的中性技术进步，我们在这里用管理要素 m（即利润占工业总产值的比重）替代 t，表示非体现的技术进步是管理要素实现的。

③ James Riedel 等根据 Borensztein 和 Ostry（1996）、Hu 和 Khan（1997）、Woo（1998）、Young（2000）、Wang 和 Yao（2001）、Zhang（2003）等对我国 1979 ~ 1998 年期间的 TFP 增长率的估算，认为："如果把未进行充分缩减的工业产出、劳动力离开农业生产的再分配、劳动力受教育程度的提高等因素所发挥的作用都计算在内，则上诉学者所估计的全要素生产率增长的数值就无法为正。如果这些研究将以下因素发挥的作用考虑在内，即：对从国有企业中解放出来的，并转移至更具活力的乡镇企业中的劳动力的在分配，对从农业中及国有企业中分离出来的资本的再分配，那么所有研究中已经测算出的中国过去 20 年来的全要素生产率增长率将无疑是负的。关于增长核算的研究中所提供的统计的现实就是中国的科技水平并没有提高，而且还有可能是下降了。我们看到的这些东西，却不能相信它！"参见 James Riedel、金菁、高坚：《中国经济增长新论：投资、融资与改革》，北京大学出版社，2007 年，第 19 ~ 24 页。

④ 详细数据来源：OECD 数据库网站 http://www.oecd.org/WBOS/index.aspx. 其中，资本形成总额项见"Gross capital formation"栏；劳动力见"Total labour force"栏。

⑤ 关于这一变量的详细说明，参见第五章。

如下：

$$LnY = 3.584078 + 0.271454 \times LnK(-1) + 1.072762 \times LnL(-1) + 1.972447 \times m$$
$$(30.52556)(6.405863) \qquad (14.15384) \qquad (6.083702)$$
$$+ 残差$$

$$R^2 = 0.994245 \qquad Ad\ R^2 = 0.993706 \qquad DW = 1.321354 \qquad F = 1842.938$$

回归的各项检验值指标均相当不错，t 统计量和 F 统计量都在 1% 水平显著，判定系数与经过调整后的判定系数均达到 0.99 以上，说明拟合优；另外，DW 检验值的结果也符合要求。在计量中 K 和 L 分别都使用滞后一期的数据，计量结果比使用当期数据更显著，说明加入管理投入以后，管理者会根据期初投入的情况进行配置和激励，由此而来上一期资本形成总额和劳动力更能解释当期 GDP 的变动。从计量检验的结果来看，式中 A 回归值为 lnA = 3.584078，说明美国科技进步对经济增长的贡献很大，区别于中国为负值的结果。

由美国数据计算结果可知，各类要素投入各自增长 1%，会带来产出增长 6.9%，其中 A 即狭义技术进步对增长的贡献为 51.9%，m 即管理投入对增长的贡献为 28.6%，两者的贡献之和为 80.5%，劳动和资本对增长的贡献为 20% 左右。这与索洛（1957）核算结果即广义技术变化为增长带来近 7/8 的贡献相近。可见，加入管理投入近似可以把增长中的 TFP 即广义技术进步分解为狭义技术水平变化和管理投入变化两个部分，由此也即把非体现型技术进步分离出来。这种分离使我们看到了管理投入在生产中的贡献，超过劳动和资本的贡献。

我们使用上述中国数据和美国数据，利用其他几种方法也进行了简单的计算，结果并没有使用索洛核算式 $Y = Ae^{\alpha t}L_t^{\beta}K_t^{\gamma}$ 用管理要素 m 替代 t 所得结果符合本书理论的假设，而实际上索洛核算法目前还是 TFP 核算中最为常用的一种方法，因此本书没有使用其他计算方法进行详细计算，在索洛核算中添加遗漏的变量管理要素在理论上是合乎逻辑的，因此使用这种方法计算 TFP 有可取之处。

在本章的 TFP 计算方法中，m 使用了利润总额与工业总产出的比值替代，也表达了盈利水平对增长的贡献。我国数据计量结果表明经营管理的改善使利润占工业总产出之比每增加 1%，工业总产出将会增加 7.023%，劳动每增加 1%，工业总产出会增加 0.7385%，资本每增加 1%，工业总产出会增加 1.1906%。而常数 A 对数形式回归值为 lnA = -2.4318。由于在计量模型中加入了管理投入，使得计量结果中回归方程的常数项很小，甚至为负数。当然，这一方面可能是数据计量残差干扰的结果，另一方面也可能反映我国有自主知识产权和专利保护的科技进步对我国增长的贡献很小。我们对这样的结论持谨慎态度，但这种把管理投入加入宏观生产并进行增长核算的做法，可以解释TFP 很大的部分。总之，本章有关 TFP 的计算实质上是一个管理投入约束下的经济增长效率问题的求解过程。

第四节　本章结论

从我国资本、劳动和管理投入诸因素对工业经济增长贡献率的计量分析过程和结果来看，由于在计量模型中，加入了管理投入，使得计量结果中回归方程的常数项（一般被看做广义技术进步率）很小，甚至为负数。当然，这一方面可能是纯粹计量残差干扰的结果，但是在索洛核算中这种拟合残差就是被称为索洛剩余，即 TFP。可见，在严格的规模报酬不变假定下，仅仅考虑资本和劳动两种投入，会产生一个较大的"索洛余值"，但如果放松规模报酬不变的假定，把与效率紧密相关且具有报酬递增规律的管理投入纳入生产模型进行计量，结果会大大降低 TFP 在增长中的贡献比例。由此认为，管理投入在宏观生产模型中可以分解全要素生产率，并且占了一个较大的比例。

在现有的 TFP 计量中，由于最多投入资本和劳动两种要素且假定规模报酬不变，所以 TFP 所反映的技术进步，最多只涉及反映在资本投入和劳动投入上的物化技术进步，它反映不了在资本投入和劳动投入之外体现在管理投入上的非体现型技术进步。在实证分析中，本书由于在数据可得性、计量技术适用性等方面的诸多限制，近似地用工业企业利润来替代管理投入。按照马歇尔关于企业家才能供给价格的分析，我国企业给企业家的薪酬太低而无法代表企业家才能的供给价格。种种原因使得本书认为工业企业的利润数据更能表明工业企业中管理要素的作用。虽然企业利润表面上看是企业所有要素共同作用的结果，但若按照舒尔茨广义企业家才能的概念，模型假定中把企业家才能或管理当作利润的来源又有合理性。就是因为管理投入数据选择的限制，要求我们对回归方程中计量结果为负值的拟合残值持以谨慎的态度，但是，管理投入确实可以分解 TFP 这个结论是不容置疑的。分析过程所得到的结果即管理投入对生产效率的重大贡献和其在生产中极端重要的地位是值得理论界长期关注的。

实践中企业生产率主要来源于管理要素的作用，通过企业中管理要素投入对企业效率的促进，最终提高宏观经济增长中的全要素生产率，从而为提高经济增长率提供动力。因此要提高微观企业的生产效率，关键之一是要突出重视企业中管理投入的核心作用，从而使全要素生产率获得真正的来源，最大可能地避免造成我国未来经济增长不稳定和不可持续的状况，尽快从最近世界性金融危机的阴影中走出来。

第六章

中国经济波动与经济稳定：基于知识性管理投入视角

第一节　经济波动的一般描述和现实比较

任何国家的经济发展过程都必然经历过程度不同的经济波动。以具有典型特征的发达国家美国和日本为例，20 世纪 70 年代以来美国和日本都经历了多次经济危机，美国最近还在经历 2008 年危机以来的这种剧痛，而且蔓延到几乎世界经济的每个神经末梢。这次由华尔街爆发的次贷危机以及进而引发全球金融危机与经济危机，宣告了华尔街自由模式的结束，华尔街把全球带入了经济危机的深渊，华尔街的金融危机使全球财富损失 50 万亿 ~ 60 万亿美元，经济衰退造成全球 2000 万工人失业，很多人无家可归，给全球带来空前的灾难。目前各界对导致这场危机的内在原因众说纷纭。有的说这场危机的根源是金融衍生产品过度造成的，有的说是美国政府对金融业监管不力造成的，有的说是商业道德危机，美国财政部长保尔森则公开声称："中国等发展迅速而储蓄又太多的国家与大量消费的国家之间的不平衡是问题的根源。"① 对这次美国经济危机产生原因的讨论首先可以考虑不同国家和不同时期经济危机产生的原因会有一致性吗？

此次美国经济危机产生的实质是在实体经济和虚拟经济构成的总体经济中，由于虚拟经济形成的资产价格泡沫过大，导致虚拟经济所占比重大大超过实体经济，一旦实体经济无法承载虚拟经济所形成的价值膨胀，经济出现泡沫和虚空，经济的突然事件刺破经济泡沫，产生经济危机。刘骏民（2009）对美国和中国的核心经济进行了区分，认为美国的金融危机至今没有结束，它会不会引起更严重的问题，奥巴马政府的救市政策是否有效，取决于美国核心经

---

① 《美国财政部长保尔森称：中国高储蓄率助长美金融危机》，《参考消息》，2009 年 1 月 4 日第 1 版。

济的功能能否恢复。核心经济功能的恢复是影响这场席卷全球危机的严重性和持久性的关键。并认为美国的核心经济为虚拟经济，所以其救市政策的关键在于能否恢复美国的虚拟经济功能；中国也遇到了企业倒闭和经济下滑问题，也需要了解中国的核心经济何在。中国的核心经济是以制造业为主体的实体经济，在经济下滑的时候刺激核心需求来恢复经济活力是政府干预的主要方向，以政府为主导的扩大内需政策能够迅速带领中国经济走出困境。既然以虚拟经济为核心经济的美国和以实体经济为核心经济的中国都出现了经济衰退，那么构成实体经济的主要因素是什么以及虚拟经济是否必然带来危机？

与 Young（1995）和 Krugman（1994）关于资本深化对劳动生产效率作用的观点一样，张军（2002）从中国经济增长中存在的资本深化的特征对中国经济持续增长提出了质疑。他认为，中国经济增长近来越来越表现出资本—产出比不断上升的特征（这个过程一般都伴随着人均资本的增加即"资本深化"），而这种状态是不具有可持续性的。理由是资本形成由于其边际报酬递减规律的影响，经济增长的资本—产出比不断上升，将导致产出增长不可长期维持。实质上美国、日本等发达国家都在经历着资本—劳动比不断上升的过程，只不过这个过程是不连续的，往往被经济危机的爆发所中断。那么，资本—劳动比持续上升即资本深化是否必然带来经济危机？

一、马克思的资本有机构成理论

马克思的资本有机构成理论一定程度上对资本深化与经济危机之间的关系也进行了分析。资本有机构成指由资本技术构成决定并反映其变化的资本价值构成。资本技术构成简单的说指每个工人所配备的资本数量。资本价值构成指由价值表示的不变资本投入量与可变资本投入量的比例。资本技术构成是价值构成的基础，价值构成的变化很大程度上是由技术构成的变化引起的。但技术构成与价值构成又具有相对独立性，技术构成是纯粹生产力的表现，而价值构成则是引入了货币因素的概念。

资本技术构成反映了生产过程中作为要素投入的生产资料与劳动力之间的数量关系，这种数量关系反映了生产函数的特点，不同的行业具有不同的生产函数，其生产过程中生产资料与劳动力的配备呈现出不同的特点，有的行业比例高些，有的行业比例低些。但总的来说，这种数量构成的变化趋势是上升的。

从不变资本方面看，竞争性厂商为了追逐超额利润，必须不断提高自己的劳动生产率，以使自己商品的个别生产价格低于社会生产价格。而提高劳动生产率的目的必然使厂商对劳动工具进行改造更新。资本主义的生产是迂回生产，迂回程度越高，生产效率越高。而生产的迂回性主要体现在创造更新更先进的生产工具上。马克思认为生产工具是生产力发展的标志，生产工具的进步是生产力发展的必要条件，生产力发展水平越高，生产工具就越先进。从马克思的资本有机构成理论内容来看，马克思实质上用资本的价格因素区分了资本的技术构成和价值构成，而从形式上看这两种构成都表现为资本—劳动比，即不变资本与可变资本之比 C/V 在生产要素意义上等于资本与劳动之比 K/L，而且马克思就已经看到了资本—劳动比具有上升的变化趋势。

二、西方新古典经济理论

在关于资本和劳动雇用关系问题上，新古典理论认为，在一定的假定条件下，劳动和资本这两种生产要素在生产过程中是等同的，即资本雇佣劳动还是劳动雇佣资本是等价的。随着技术和知识在经济发展中的作用不断地增强，许多人认为资本已经不再是稀缺的生产要素，经济全球化和金融深化等降低了融资的成本和难度，从而拥有技术和知识的（复杂）劳动相对于资本而言也逐渐成为稀缺要素。

在关于资本和劳动要素的使用效率问题上人们提出了资本深化概念。资本深化概念由 Samuelson（1962）等人首次提出，萨缪尔森认为资本深化是指人均资本量随时间推移而增长的过程。此后，Burmeister 和 Tumovsky（1972）等人进一步提出了资本深化反应的概念，Burmeister 和 Tumovsky（1972）认为资本深化是作为对稳态利息率和收益率下降的反应的物质资本—劳动比率的均衡增长。在长期的经济发展中，人口的增长慢于资本的增长，资本与劳动的比例将不断提高，即发生资本深化。

在新古典理论中，传统的经济增长理论认为，资本深化对一国工业化转型起到至关重要的作用。哈罗德—多马模型在不考虑价格变量的情况下，认为若将劳动力引进模型，则资本—劳动比是固定不变的，即资本深化并没有被纳入哈罗德—多马模型分析框架。索洛和斯旺用可变价格和要素替代缓和了哈罗德—多马模型的刚性和不稳定性，认为充分就业的稳定增长是可以通过市场机制调整生产中资本深化程度而实现的。

新古典增长理论代表人物 Solow（1956）在假定社会储蓄率为 s，劳动增长率为 n，生产规模报酬不变的条件下，宏观生产函数简化为：$y = f(k)$。据此，分析了经济稳态增长的条件，即资本深化等于人均储蓄减资本广化，用公式表示为：

$$\Delta k = sy - nk \tag{6.1}①$$

其中资本深化 Δk 表示人均资本变化量，sy 表示人均储蓄，nk 表示资本广化，y 表示人均产出，k 表示人均资本。根据资本边际报酬递减规律，索洛得出经济实现稳态增长的条件是 $\Delta k = 0$，即 $sy = nk$。即社会储蓄恰好满足资本广化的需要。索洛（1956）还分析了储蓄率很高和很低的两种可能情况，在储蓄率很高的情况下，持久的充分就业将增加资本—劳动比，资本和收入都会快于劳动供给的增长速度。而储蓄率很低会导致单位资本的收入永远递减。但索洛并没有密切关注 k 不断增长的事实②，市场的选择并不能自动终止资本—劳动比的上升。

美国经济学家 Acemoglu（1999）对美国战后六十年的资本深化进程的研究表明，随着资本深化的发展，资本密集部门的真实 GDP 增长率会更快，与此同时，非资本密集型部门或者劳动密集型部门如服务业，就业增长则更快。Young（1995）和 Krugman（1994）认为，要获得同等程度的劳动生产率的提高，通过资本深化不如通过技术进步或全要素生产率提高，因为资本深化会受到收益递减的制约并最终失去作用，而技术进步或全要素生产率的增长却不会。而杨文举（2006）利用 DEA 方法测算了影响中国劳动生产率变化的三个因素，结果却表明资本深化对劳动生产率提高的促进作用明显地高于技术效率的变化和技术进步的作用。可见，对于劳动生产率提高的影响因素主要是资本深化还是技术进步或 TFP，理论界尚存在争议。

三、经济波动与资本深化过程的国别比较

从日本和美国自 1970 年至今发生的经济波动过程来看，资本—劳动比的下降阶段正好对应经济危机发生的阶段，两者高度吻合。具体如下。

1. 日本的经济危机

日本自 1970 年以来主要经历了四次经济危机，分别是：1974～1975 年经济危机、1980～1982 年经济危机、1991～1994 年经济危机和 2008 年末发生的世界性危机。

日本 1974～1975 年经济危机从 1974 年 2 月始，工矿业生产呈一路下降趋势，1974 年、1975 年的工矿业生产指数分别比前一年下降了 4% 和 11%。危

---

① 索洛模型又称索洛—斯旺模型，它由 Solow(1956) 和 Swan(1956) 提出。

② 索洛模型中，认为平衡增长路径的性质包括产量和资本的增长率大致相等，且大于劳动的增长率，从而人均资本量是上升的。

机期间生产下降的最低点为 1975 年 3 月，与 1974 年 1 月的最高点相比，工矿业生产下降了 20.3%。危机到来后，很多产业都采取了大幅度的减产措施，但由于有效需求不足，销售下降速度超过减产的速度，因而可显示商品积压程度的库存指数仍呈大量增加趋势，从 1973 年始，尽管设备的开动率在降低，但产品库存量仍在呈反方向增加。由于市场萎缩、库存激增、资金周转困难，在激烈的竞争中，很多企业倒闭。据统计，1974 年 5 月的完全失业人数为 64 万人。而 1975 年 3 月则高达 113 万人。1975 年年均完全失业人数为 100 万人，这一高额数字是日本战后历次危机或衰退期间从未有过的。

1980～1982 年经济危机，由于战后日本的固定资本更新是在通过大量引进欧美国家先进技术的基础上进行的，更新效果特别显著。在新技术的推动下，一个个投资热潮不断兴起。结果导致此期间生产设备严重过剩，终于经济衰退与较严重的财政危机交织在一起。此次危机有以下两个显著特点。第一，衰退时间虽长，但是生产下降幅度并不大。工业生产从 1980 年 3 月开始下降，同年 8 月到达第一个谷底，6 个月间生产下降了 5.7%。从同年 9 月始生产又呈波动状起伏式地回升，至 1981 年 10 月恢复并稍有超过 1980 年 2 月的最高点，而后从 1981 年 12 月开始下降，一直降至 1982 年 5 月的第二个谷底，7 个月间生产下降了 2.9%。此后，工业生产处于低迷状态。直至 1983 年 5 月，也未恢复到 1980 年 2 月衰退前的最高点。第二，经济衰退与较严重的财政危机交织在一起。用扩大财政支出刺激社会需求，是日本政府摆脱危机或衰退的一个主要手段。进入 70 年代，尤其是 1974～1975 年的危机后，财政赤字变得越发严重起来。在第一次"石油冲击"期间，财政赤字的最高额度为 2 万亿日元，而在第二次"石油冲击"期间则高达 14 万亿日元。于是，日本政府不得不增大公债发行量来弥补。据日本大藏省统计，1975～1982 年的 8 年中，国债发行余额累计扩大近 10 倍，达 92 万多亿日元。1982 年度的国债发行余额相当于当年国民生产总值的 36%，是一般财政支出的 2 倍。自从赤字财政和巨额国债发行的经常化后，财政对经济进行调节的弹性效果则变得越来越有限了。从财政本身来看，以还旧债借新债的这种方式运行，势必要支付年复一年的利息，而利息则仍由财政本身来支付。据统计，1974 年国债还本付息费用为 8 470 亿日元，占一般财政支出的 4.4%，而 1982 年则激增至 78 299 亿日元，占当年财政一般支出的 15.8%。利息成为财政的新负担。

1991～1994 年经济危机。自 1991 年 5 月开始，日本经济从巅峰上跌落下来，开始行进于长达十几年深深的低谷。此次经济危机的原因就在于日本兴起了大规模的企业设备投资热潮，尤其是非制造业的设备投资有较大幅度的增长。此次经济危机的原因在于 80 年代中后期，日本兴起了大规模的企业设备投资热潮，尤其是非制造业的设备投资有较大幅度的增长，设备投资过量导致设备闲置，迟滞资本周转时间，造成供得失衡。据统计，1987 年至 1990 年，日本设备投资额每年均以两位数的速度增长，这 4 年的增长率分别为 10.1%、17.3%、16.5% 和 12.4%。这一呈直线上升的增长速度远远高于经济的增长率。这 4 年间，日本经济的年均增长率为 4.95%，而同期设备投资的年均增长率却为 14.1%，是经济增长率的 2.8 倍。这样，便给日本经济的正常运转带来了巨大的压力。高额的设备投资虽然可暂时带动经济的增长，但同时也为后来的经济衰退埋下了隐患。由于过热的设备投资，实际生产能力急剧膨胀。据统计，1985 年制造业的生产能力指数为 91.8，而到 1992 年则升至 104（1990 年为 100）。1985 年的设备开动率指数尚达 96.1，而到 1993 年时却仅有 84.3。[①]

2. 美国的经济危机

美国自 1970 年以来主要经历了五次经济危机，分别是：1974～1975 年经济危机、1980～1982 年经济危机、1991～1994 年经济危机、2001～2003 年经济危机和 2008 年末全面爆发的经济危机。

1974～1975 年经济危机。美国在 1974 年初陷入经济危机的泥沼。危机期间，美国的国民生产总值下降了 8.2%，工业生产比危机前下降了 15.3%。固定资本投资缩减了 23.6%。危机同时袭击了生产资料和耐用消费品部门。由于日本和西欧一些主要资本主义国家同时卷入危机的漩涡，美国的出口减少了。消费价格的上涨幅度比 1957～1958 年以后的历次危机要大，结构危机也表现得十分严重。

1974～1975 年危机中，美国的生产能力利用率曾一度降到 64%，开工不足的现象十分严重。1974 年到 1975 年，美国粮食价格上涨 24%，劳动人民的实际收入下降。在这次危机中，滞胀现象表现得十分明显，不仅失业人数大大增加了，而且通货膨胀与经济危机也交织在一起同时发展。此外，在经济危机深入时，结构危机尤其是能源危机也充分展开。[②]

[①] 以上关于日本经济危机的数据均转引自车维汉：《日本经济周期研究》，辽宁大学出版社，1998 年版。
[②] 此阶段美国经济危机的数据资料见陈宝森等：《美国经济周期研究》，商务印书馆，1993 年版，第 157～162 页。

1980～1982 年经济危机期间，美国利率大幅度上升和长期居高不下，一方面是由于美国政府执行紧缩政策。另一方面，美国政府为弥补巨额的财政赤字，导致借贷资本的需求剧增，也对抬高利率产生了不可忽视的影响。在 80 年代初的经济危机中，资本主义国家的利率水平高，不仅表现在名义利率上，而且更突出地表现在实际利率上。美国在相当长的时期内，实际利率保持在 10% 左右的高水平上。

高利率政策对抑制通货膨胀起了一定作用的。如 1982 年 12 月，美国和英国的消费物价上涨率已分别由 1980 年底的 12.4% 和 18% 下降到 3.9% 和 5.4%。但是，高利率政策既抑制了企业家进行生产投资的积极性，又限制了消费者的有效需求，使经济难以回升，从而拖长了经济危机的时间。在这次经济危机中，严重的生产过剩和销售困难，使许多公司缺乏必要的周转资金，并且使企业不得不承担沉重的利息负担。这就使公司和企业的破产情况特别严重。生产过剩使有些部门的设备利用率大大降低，开工严重不足。危机期间，美国生产粗钢的能力为 1.5 亿吨，但是 1982 年只生产了 6 570 万吨，开工率连 50% 都不到。[②]

1990～1991 年经济危机。美国自摆脱 80 年代初的经济危机以来，经济是在更大规模的债务基础上获得发展。由于美国政府在 80 年代初继续奉行扩张的财政政策和宽松的金融政策，美国的债务在 1990 年已增至将近 13 万亿美元，相当于同年美国国民生产总值的 2 倍多。庞大的预算赤字也降不下来，1990 财政年度的赤字已超过了 220 亿美元。在金融领域，一些人用各种办法借钱购买股票和房地产，许多公司融资并购成风，垃圾债券迅猛增长。1989 年垃圾债券在所有公司债务中占的比重为 22.8%，流通额为 2 262 亿美元。这种在庞大债务基础上构筑起来的"泡沫经济"虽然在一定时间内刺激了消费和投资，促进了经济的发展，使得企业的股票、垃圾债券和房地产的价格节节上升，但是过度膨胀的"泡沫经济"终因积累的矛盾太多而破裂，一些企业的股票、垃圾债券和房地产的价格在 1990 年开始急剧下跌，一批融资并购的企业破产和大量通过抵押贷款购置房地产的人无力偿还，导致金融业和房地产业的危机。

金融危机虽然构成这次经济衰退的一个重要特点，但是，周期性的危机现象仍然是明显可见的。80 年代初的经济衰退结束后，私人消费支出的急速扩大曾是支持和推动美国经济增长的强大动力，在 1988 年以前，私人消费的增长率一直高于工业生产增长率，而从表面上看，1988 年以前，情况发生了变化，随着固定资本投资的较快增长，生产能力的扩大，工业生产的增幅明显高于私人消费的增幅。1989年，生产增长依然快于消费增长。连续两年的消费需求疲软使供大于求和生产过剩的现象变得突出了。到1990年秋季，美国物质生产领域中形成的生产过剩终于发展为一场新的周期性经济危机。①

2001~2003年经济危机。美国国家经济研究局（NDER）于2001年11月28日正式宣布，美国经济从2001年第二季度陷入衰退。从2001年初开始，美国失业率就持续上升，2001年1月到8月，美国失业率从4.2%上升到4.8%，9月份遭受了航空业有史以来最大的打击，裁员10万人，失业率大幅提升。保险业也遭受重大损失，《华尔街日报》估计损失总额将在200亿美元。旅游娱乐业也遭受重大打击，美国旅行社协会主席理查德·科普兰德估计，仅在"9.11"恐怖事件发生后的两周内，美国旅馆业就将损失5 000万到1亿美元。

美国在信息产业过度投资，美国信息产业增加的投资额占美国企业总投资增加额的2/3，大规模的投资使美国自20世纪90年代中期以来的信息产业平均递增30%。这样的高速度保证了其高技术产业的增长及对经济的带动，但在经济不景气时也出现了信息产品的大量过剩。信息产业本身的特点是一开始固定投入很大，随着产量的上升，单位成本迅速下降，但初始投资的大量资本也不能在短时间挪作它用。这样在需求减少、产量增长难以继续时就会大量闲置资本，造成生产效率的下降。

2000年美国的高技术生产能力扩大了48%，这已经是属于过度投资，之前的大量资本涌入就已经使得高技术市场趋向饱和，加上其他产业不能加以吸收，总体上稀缺资源存在不合理的无效率配置，经济的受阻势在难免。2001年年初对信息产业的预算就减少15%。在电信行业也是一样的情况，通讯业2000年资本支出上升39%，而在2001年前五个月它就面临着几万人的裁员。资源在高技术领域的过度堆积导致效率提升缺乏，信息产业创新阶段性的结束使美国这一轮增长告一段落。②

3. 日本和美国的资本—劳动比变动图

基于对日本和美国两国上述经济危机现实的描述，本章选择了日本1970~2009和美国1970~2009年的资本和劳动数据来分析两个发达国家在此阶段的资本—劳动比与经济危机之间的关系。其中资本 K 使用"总资本形成

---

① 此阶段美国经济危机详细数据资料参见郭吴新：《90年代美国经济》，山西经济出版社，2000年版。

② 此阶段经济危机详细数据资料参见张玲：《美国的经济现状及前景分析》，载《21世纪初的美国经济》，中国经济出版社，第316~320页。

额"、劳动 L 使用"总劳动"数据。① 对 K 用生产者价格指数（PPI）进行折算，PPI 指数以 2000 年价格为不变价格。美国的资本（K）单位为亿美元，日本的资本（K）为百亿日元，劳动（L）单位为千万人。

利用日本和美国经过折算后的 K 值除以 L，分别得出日本和美国的 K/L 数值图，如下：

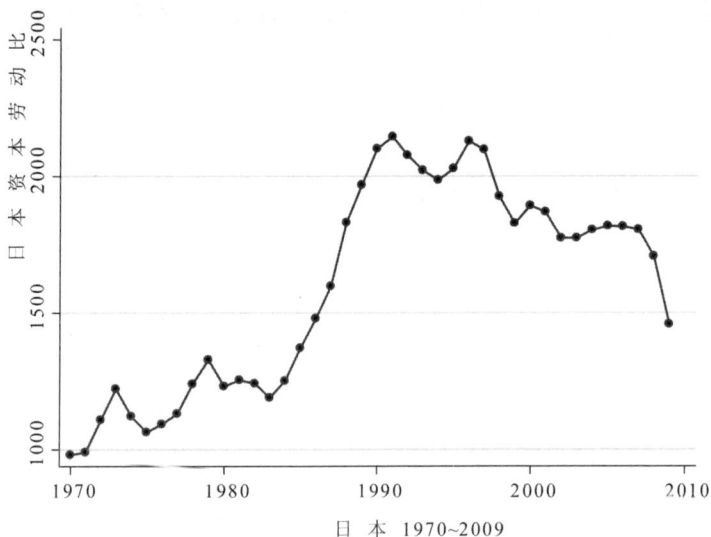

日 本 1970~2009

图 6.1　日本 1970～2009 资本—劳动比变动图

从 1970～2009 年美国和 1970～2009 日本两国资本—劳动比的变动过程和经济危机发生的周期性来看，资本—劳动比的变动与经济危机发生的周期两者高度吻合，在资本—劳动比下降的阶段，对应的是经济危机发生的阶段。日本自从 1990 年的资本—劳动比处于历史最高点以来，资本—劳动比从 1991 年以来表现为一个长期下降的趋势，实质上日本自 1991 年以来就一直处于经济危机的谷底。而美国从总体上看资本—劳动比一直处于上升的趋势，只是从 2006 年起资本—劳动比开始下降，从而最终发生了几乎"痛彻"世界的目前这场金融危机。

2008 年末全面爆发的世界性金融危机和经济危机，最初是由美国的"次贷危机"引起的，这场危机也充分地反映在两国资本—劳动比变动图中。从

---

① 详细数据来源：OECD 数据库网站 http：//www. oecd. org/WBOS/index. aspx. 其中，资本形成总额项见"Gross capital formation"栏；劳动力见"Total labour force"栏。

图6.1 日本 1970～2009 资本—劳动比变动图看，在日本此次危机表现为从 2008 年开始资本—劳动比明显下降。而对于美国，从图 6.2 美国 1970～2009 资本—劳动比变动图看，资本—劳动比从 2006 年开始下降，实质上美国次贷危机是从 2006 年春季开始逐步显现的。2007 年 8 月开始席卷美国、欧盟和日本等世界主要金融市场。

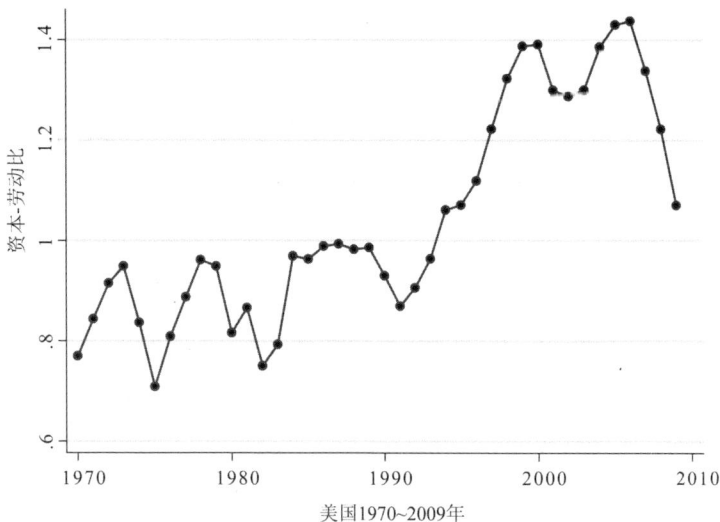

图 6.2　美国 1970～2009 资本—劳动比变动图

由上可以看出，仅仅从两国的经验事实来看，我们无法明确两者的因果关系即是资本深化带来了经济危机？还是经济危机带来了资本—劳动比的变动？但资本深化和经济危机的产生过程两者之间确实存在紧密的相关关系。① 美日两国的资本—劳动比变动图很明确地说明了一个事实，即资本深化过程的中断时期即是经济危机发生时期。除了被经济危机中断之外，资本深化过程会一直进行，即人均资本量会保持上升趋势。而且从美国和日本两国经济危机爆发的历史来看，资本投资过快增长和政府发行国债、通货膨胀和失业增加等是与经济危机紧密相关的事实。

从图 6.3 来看，中国固定资产投资与劳动的比值一直处于上升趋势，使用固定资产投资价格指数折算后的数据计算的结果如图 6.4（中国统计年鉴中关

---

① 利用日本 1970～2009 年各年的 K/L 值和 GDP 值、美国 1970～2009 年各年的 K/L 值和 GDP 值组成的时间序列进行格兰杰因果关系检验，检验结果并没有很明显地说明两者何为格兰杰因果关系的因和果。

于固定资产投资价格指数仅仅有1991至2008年数据）也显示，我国 K/L 比值一直处于上升趋势。图中 K/L = 全社会固定资产投资总额/从业人员合计数得出，全社会固定资产投资总额和从业人员合计数都出自中国统计年鉴历年数据。由图可推知，我国经济实质上并没有发生较大的经济波动。因为从前面的分析可以看出，如果我国实体经济发生危机，劳均固定资本投资额会发生大幅度下降的变化，但图6.4 这种状态显示，劳均固定资本投资额没有下降的变动状态，说明我国此期间的经济情况没有经历实质性的经济大波动。

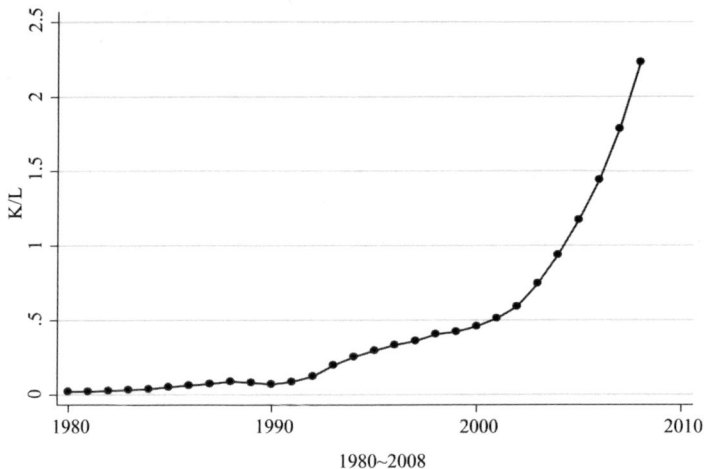

图6.3　1980～2008年中国全社会固定资产投资总额与从业人员比值图

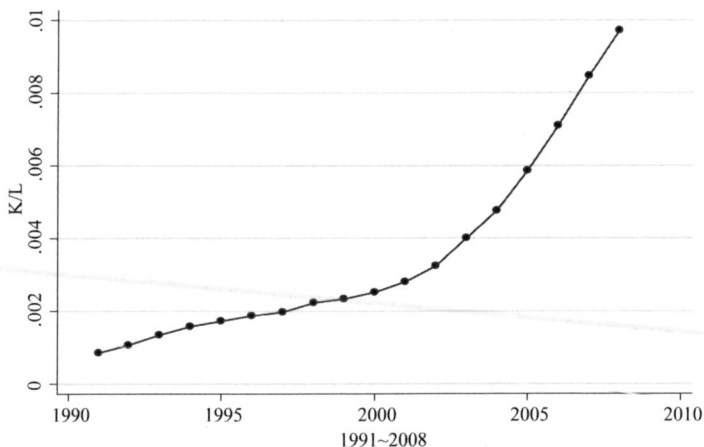

图6.4　1991～2008年中国全社会固定资产投资总额与从业人员比值图①

① 用固定资产投资价格指数折算后的中国全社会固定资产投资总额与从业人员比值。

图6.4中使用了固定资产投资价格指数对全社会固定资产投资总额进行了折算，固定资产投资价格指数来自中国统计年鉴。

第二节　经济波动的理论解释：基于知识性管理投入的解读

按照马克思的资本有机构成理论，可以推论，构成虚拟经济和实体经济的核心主体分别是资本和劳动。一切推动资本价格上升的因素都是虚拟经济的构成成份，一切与劳动效率相关的因素都是实体经济的生产力成分。在马克思看来，增加的人均资本是一种新的先进的生产工具，它提高了劳动的生产率。

马克思的资本有机构成理论隐含着劳动或劳动力是实体经济的主要承载要素，资本是劳动创造贡献的一个工具的思想。正如熊彼特认为，资本主义从本质上来说不是静止和固定不变的，而是经济变动的一种形式和方法。不断从内部对经济结构进行技术革新，从而破坏旧的经济结构所引起的"产业突变"，对于打破"循环流转"的均衡状态至关重要。引起这种产业突变的关键是企业家精神，而"资本"就是企业家为了实现生产要素的新组合而使用的一种手段或"杠杆"。为此，熊彼特给资本下的定义也是特别耐人寻味：资本是"可以在任何时候转交给企业家的一宗支付手段的数额"，是"交换经济中的一种要素"。按照熊彼特的观点，承载实体经济的要素不仅仅包括劳动，更主要的是企业家的作用。舒尔茨也认为："经济发展主要取决于人的质量而不是自然资源的丰瘠或资本存量的多寡。"

按照前文的论述，由于管理要素具有激励功能和配置功能，因此可以把生产投入区分为激励型投入和配置型投入。第四章的分析表明，作为激励型投入的劳动和作为配置型投入的资本组合比例（L/K）的变化会带来经济增长率的变化。减小 L/K 的比值可以提高配置型投入的租金价格 R_D，从而促进经济增长率。也即是说，K/L 的比值增加会带来经济增长率的提高，但由于我们考虑了生产模型中管理投入的激励作用和配置作用，K/L 的比值的变化可以通过管理投入的作用来实现。如果管理投入加强了对激励型投入即劳动的激励作用，充分利用和挖掘劳动力的潜能以使单位劳动的生产率提高，那么在物质资本配置不变的前提下也可以实现 K/L 的比值的变大，从而提高产出增长率。不同于资本深化理论，这里劳均资本（K/L）变大不是通过资本投入的无限扩大实现的，而是通过管理激励提高劳动效率，从而实现单位产出所需劳动量的减少实现的。而且，在考虑政府部门作用的前提下，作为配置型投入的物质资本，其边际产出的大小受激励型因素即企业家激励能力和劳动努力程度、政府激励性投入等因素影响，提高激励投入和政府公共支出可以推动经济增长。

因此，从经济危机的周期性和资本—产出比紧密吻合的这种关系来看，新古典增长理论的稳态条件就不仅仅要分析储蓄率 s、人口增长率 n、资本折旧率 δ，更重要的是分析知识增长率 g 和资本—劳动比 k 本身的变动对经济稳态增长的影响。通过在生产函数中引入管理要素，并把管理要素界定为一种知识性资源，引入管理要素后的生产函数所表现的技术进步完全反映在知识的进展中①，因此知识增长率 g 也近似代表了技术进步率。

新古典理论在 Solow（1956）经济稳态增长条件 $sy = nk$ 基础上引入技术进步后，新古典稳态增长模型的基本方程为：

$$\Delta k = sy - (n + g + s)k \qquad (6.2)$$

稳态条件变为：

$$sy = (n + g + \sigma)k \qquad (6.3)$$

其中 g 表示技术进步率或知识增长率。用图形分析如下：

索洛根据资本边际报酬递减规律和（6.1）式分析了 k^* 点是稳定的均衡点。按照索洛的分析，根据上图引入技术进步后的新古典稳态增长模型可推知，如果 $k < k^*$，则资本广化 $(n + g + \delta)$ $k < sf(k)$，k 会增加而向 k^* 接近。如果 $k > k^*$，k 会减少直至 k^* 点。资本报酬递减规律使得人均资本较少（$k < k^*$）情况下，增加 k 可以增加报酬。在人均资本较多（$k > k^*$）情况下，增加 k 会出现报酬递减。因此报酬递减规律使得人均资本处于 k^* 外的任何点都会趋近于 k^* 点。这是一种理想化的变动情况。实际情况是 K/L 随着经济增长一直在增长，即使在 $k > k^*$，资本边际报酬递减出现后，直到经济危机发生前 K/L 并没有停止增长。一方面资本边际报酬递减，另一方面 K/L 继续增长，此时增加的人均资本不再是马克思意义上的新的先进的生产工具，而仅仅是进一步加大了资产泡沫。

这里计算的 $k = \dfrac{K}{L}$ 可以看做是一个资本深化的量。在新古典增长理论关于社会储蓄率和劳动增长率不变的条件下，同时资本折旧率不变，即（6.3）

---

① Romer（1983）认为技术是理论知识和实践经验的一种混合，而技术进步则为现有技术的进一步发展，即知识的进展。而北京大学教授雷明等（1996）认为罗默定义的技术进步与新古典理论一样仍然是一种综合，隐含其中的管理知识并未明确区分出来。参见雷明、冯珊：《TFP 变动成因分析》，《系统工程理论与实践》，1996 年第 4 期，第 1~12 页。

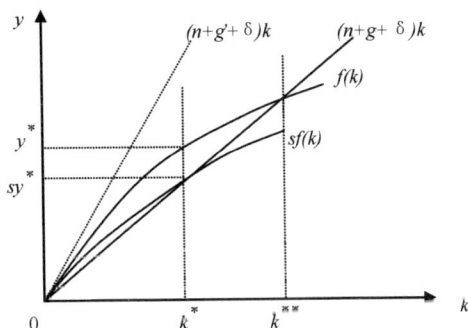

图6.5 引入管理性知识进步率后的新古典稳态增长模型

式中 s、n 和 δ 不变。因此对（6.3）式所表示的稳态条件产生影响的因素就包括 k、g 和宏观生产函数 f 的性质。首先，假定 k 不变，考虑知识进步率 g 变动的情况。知识进步率的提高，即 g 值的变动导致上图中 $(n+g+\delta)k$ 线向 $(n+g'+\delta)k$ 线移动，若 $(n+g'+\delta)k$ 线和社会储蓄 $sf(k)$ 线没有交点，表明此时社会储蓄无法满足知识进步所带来的资本广化的需要，经济无法实现稳态增长。但是，知识进步必然会带来生产函数的变动，即 $f(k)$ 会上移，$sf(k)$ 也会上移。$(n+g'+\delta)k$ 线和社会储蓄 $sf(k)$ 线最终会有交点。知识或技术带来的冲击会最终恢复稳态增长。

其次，假定 n、g、δ 不变，考虑 k 自身的变动。从美国和日本的资本—劳动比值图可以看出，资本—劳动比在经济危机没有爆发之前总是上升的，即 k 值是增加的，经济社会自身不会去理性地缩减 k。k 值的增加必然会导致 $f(k)$ 的增加，同时会带来 $(n+g+\delta)k$ 即资本广化的增加。由于资本的边际报酬递减规律，随着 k 的增加，必然有 $f'(k)<(n+g+\delta)$，即 $f(k)$ 线终究会低于 $(n+g+\delta)k$ 线。假定经济在 k^* 点实现了稳态，这并不意味着此时资本—劳动比 k 会不变，实际中 k 总是增加，k^* 不断地向 k^{**} 接近甚至超越。在 k^{**} 点上，经济可以通过提高整个社会的储蓄率，甚至把整个社会产出全部用作资本以便满足资本广化的需要，即储蓄率 $s=1$ 来实现经济增长的稳态条件。也就是说，在 k^* 和 k^{**} 之间，社会经济通过提高储蓄率有可能实现在稳态范围内的增长，即使在储蓄率不够高的情况下，政府通过发行国债得到的货币资本来满足资本广化的需要也能够获得稳态条件。但是，一旦 k 的增加超过 k^{**} 点，在 k^{**} 点的右边，增长率有限的社会产出 $f(k)$ 线无论怎样也找不到与 $(n+g+\delta)k$ 线相交的点，不论是政府行为，还是市场选择，一切政策和措施

都不能找到下一个稳态点，因此只有通过经济增长的停滞即经济危机的爆发，来阻止资本—劳动比即 k 增长的步伐。

从美国和日本的经济周期性波动来看，任何一次经济危机的爆发，必然导致资本—劳动比即 k 的"跳水"。每一次资本—劳动比 k 的"跳水"实际就是在重新找回一个稳态增长的域。从上图来看，在 k 处于（0，k^*）之间，资本—劳动比 k 的增加不会引发经济危机，经济增长处在一个安全的区域。在（k^*，k^{**}）之间，政府需要花费较大的代价来维持经济正常增长，但在 k^{**} 之后，k 值过大，表现为资产价格存在较大的泡沫，政府行为和市场选择都无法阻止泡沫的破灭，必然结果是经济危机发生。

已有研究结果表明，资本—劳动比的增加即资本深化有可能是仅仅吹大了资产价格泡沫，也有可能提高了单位劳动的生产效率。如果资本深化没有达到提高劳动生产率的目的，仅仅是吹大了资产价格泡沫，资本深化势必带来经济危机。这一点从上述稳态增长分析的图形可以看出，在 k^* 点附近，k 的变动即资本深化提高了劳动生产率，经济可以实现稳态增长。当 k 的增加达到较高的水平 k^{**} 点，由于资本的边际报酬递减规律作用，资本—劳动比的增加即资本深化不是提高劳动生产率，仅仅是吹大了资产价格泡沫，此时的资本深化属于过度投资所致，必将导致经济危机发生。

由上图分析可知，在 k^* 和 k^{**} 之间，社会储蓄线 $sf(k)$ 虽然低于资本广化线（$n+g+\delta$）k，但社会产出线 $f(k)$ 还在资本广化线（$n+g+\delta$）k 之上，社会还有资源能用于满足资本广化的需要。例如通过提高社会储蓄率①，或者政府以社会总产值为基础发行国债获得的货币资本来满足资本广化的需要，这样可以扩大稳态增长的范围。实际上，由于储蓄倾向短期难以改变故提高社会储蓄率很困难，所以较易实行的方法是发行国债来缓和这种资本广化需要难以满足的矛盾，日本和美国政府在经济危机前后大举借债的经验就说明了这一点。当然，如果国债规模超过了社会产出 $f(k)$ 的一定规模，而且发行国债所获得的货币资本如果不是真正满足由于人口增长、资本折旧和技术冲击等带来的社会资本广化的需要，而是在部分领域提高了人均资本的水平，必然导致资产价格的虚涨，整个社会人均资本 k 上升，从而使政府行为对 k 控制失效，k 进一步超越稳态范围，从而进入危机阶段，这种政府行为会加速危机的爆发。

实际上，我们还可以考虑知识增长率 g 向 g' 的变动对经济增长稳态条件

① 在索洛模型中，认为政府政策最有可能影响的参数是储蓄率。

的影响。假定作为管理要素的知识性资源积累程度提高，导致知识增长率由 g 向 g' 移动。这种变动带来了劳动要素产出效率的提高，因为管理要素对劳动要素激励功能的发挥，劳动者潜能得以充分利用。从图 7.5 可以推知，由于知识增长，生产函数 $f(k)$ 会上移，$sf(k)$ 也会上移，上移的 $(n+g'+\delta)k$ 线和社会储蓄 $sf(k)$ 线的交点所决定的新的稳态人均资本水平会低于原来的稳定均衡点 k^* 点，可见提高管理要素的知识性资源积累程度会降低资本—劳动比 k，从而减轻经济波动的幅度，降低经济危机发生的可能性。

对于近两年美国的金融危机，李稻葵曾在深圳电视台的访谈节目中提出的一种解释是，因为当前美国的国债规模过小，使一些机构投资对信用等级和回报率高的政府和国家债券可以选择购买的范围缩小，不得以选择了分级打包的房地产债券中最好的三 A 级债券，推动了房地产泡沫的形成，最终酿成美国乃至全世界性的金融危机。实际上，国家发行的债券虽然信用等级和回报率高而且安全，但是，从经济发展的长期趋势来看，如果政府债券发行所得货币资本不能恰当使用，仅仅用于资本领域的投资，包括固定资本投入等，势必吹大资产价格的泡沫，推动人均资本的过快增长，如果不是用于民生工程、扩大就业，最终会带来危机爆发的恶果。

综上所述，通过考察美国和日本两国1970 年以后37 年来的经济危机爆发的时间和大体特征，利用美、日两国此 37 年间的总资本形成额折算后的实际值与总劳动力的比值大体表示两国的资本深化过程，可以很明确地看出两国各自的资本深化过程和经济危机过程两者之间有紧密的相关关系。理论分析表明，在新古典稳态增长范围内，资本深化并不必然带来经济危机。但现实是伴随着经济增长，资本—劳动比并不会局限于稳态增长范围内，而往往会不停增长，在社会经济发展的过程中人均资本量在不断提高，由于资本边际报酬递减规律，人均资本量必然会远离稳态条件，资本深化不再可以提高劳动生产率，资本深化的结果是吹大了资产价格泡沫。在政府和市场不可控的范围内，如果要使人均资本量停止上升从而回到一个稳态范围之内，经济危机的爆发和资产价格泡沫的破灭就成了中断资本深化的唯一选择。

当然，在经济危机爆发之前，资本深化的过程虽然不可能中断，但可以通过扩大劳动就业、增加民生工程支出等方式来减小或转移资产价格泡沫，例如大力发展第三产业和其他劳动密集型产业，大力培养中小企业主的企业家能力，尽一切办法扩大劳动就业，来缩小资本—劳动比增长过快的现状，降低经济危机爆发的可能性。

当前，我国正在面临国内和国际经济危机的双重压力，保增长和保就业同等重要。我国的财政政策要以扩大民生工程支出为基本取向，防止财政支出对资本投资的过度倾斜所推动的资产价格虚涨，实实在在地扩大社会就业。我国是一个人口大国，农业劳动力占很大比重，隐蔽性失业严重，农民工问题长期以来是我国就业问题中的一个难以解开的结。按照以上分析，即使我国人口增长率为零，农民工就业和大学生就业对资本广化的需要也将占投资需求一个很大的部分。因此解决农民工就业所需的财政投资应该成为我国政府财政政策的首选，要尽一切可能提高农民工就业的稳定性和拓宽就业渠道。要加大对社会保障体系建设的投入，继续扩大社会保险覆盖面，提高统筹层次，制定农民工养老保险办法，构建完善的农村养老保险体系，并大力发展服务业和劳动密集型产业，全力支持和促进中小企业创业和发展。因此，理论上从管理投入的视角来看，我国中小企业的稳定发展是维持我国经济稳定和持续增长的主体因素和关键。

第三节　中小企业管理投入对稳定中国经济增长作用的实证分析

从 1978 年至 2010 年，中国的 GDP 总量增长了近 100 倍。中国经济的巨大成就被世人誉为"增长奇迹"。此前，"华盛顿共识"被国际组织作为治疗发展中国家经济落后的灵丹妙药。然而中国增长奇迹的发生并没有"华盛顿共识"和"后华盛顿共识"所要求的前提条件（中国没有彻底的私人产权制度和完善的金融），美国次贷危机和全球金融危机的发生更使得人们认为"华盛顿共识"已经终结，而中国的增长奇迹则使"北京共识"[①] 得以诞生。然而，"华盛顿共识"和"北京共识"并没有得到世界普遍认可，还处于进一步发展中。因此，在这些"共识"之外探讨影响经济增长的其他因素如管理要素的作用和贡献有积极意义。而且，政府和民营部门之间的关系一直也是增长的政治经济学文献的一个中心议题，以下部分就试图探讨我国转轨过程中不同企业家在增长中的作用。

中国经济现阶段的最大特征是转轨经济，即计划经济和市场经济并存，中国经济增长的过程也是计划经济不断向市场经济的转轨过程，一定意义上这个

---

① "北京共识"是由《时代》周刊外国报导编辑拉莫先生在 2004 年发表的《北京共识》论文提出，主要强调创新、永续发展与平等、自主与自力更生。

过程也是经济活动的决定主体由政府官员向企业主让权的过程。在我国经济增长奇迹中地方政府的作用巨大[①]。实质上，计划体制下政府官员决定着经济活动的生产和分配等诸多环节，微观经济主体的生产取向和消费取向依赖于政府的行政计划，生产和消费的积极性几乎完全由政府所给予的利润空间和福利空间来激励。周黎安（2007）就认为中国目前体制下，地方官员对地方经济的发展具有巨大的影响力和控制力，因为一些最重要的资源如土地征用、行政审批和各项优惠政策等都掌握在地方政府手中，由此，以经济增长为基础的晋升锦标赛，在政府官员手中拥有巨大的行政权力和自由处置权的情况下，提供了一种具有中国特色的激励地方官员推动地方经济发展的治理方式。然而，这种方式也使得地方官员为了获得经济发展而不惜一切手段，其中包括一些不利于培育和维护市场秩序的手段，如违规为企业办理市场进入手续或信贷担保等。这也成为中国经济市场化最严重的障碍之一。

地方政府手中的优惠政策还造成中国的租金总量占 GDP 很大的比重。吴敬琏（2008）认为中国的租金总量占 GDP 的比重始终保持在 20%～30%，巨额租金的存在诱导着大量的企业家进行寻租活动，从而催生了腐败现象。由于地方政府对经济发展也存在很多障碍，因此中国的转轨过程必然会向市场经济全面转型。随着市场经济的逐渐形成，地方政府官员在经济发展中的主导作用会让位给企业主，企业主可以自主决定生产和经营的方向，可以采取多样化激励方式提高生产参与者的积极性等等，企业便具有自主管理能力。正如鲍莫尔教授（Baumol，W. J）认为最能够实现经济长期增长的是一种企业家型经济体制和大企业型经济体制的混合体，企业家型经济体制即是存在大量小型的创新企业的经济体。所以，市场经济条件更有利于发挥企业家创业的原始冲动对经济增长的重大作用。

企业作为市场经济的主体，是通过企业家的作用体现出来的。作为市场制度重要组成部分的现代企业制度，其核心是规范政府与企业的关系，也是规范政府官员与企业家的关系，计划经济向市场经济的转化使企业家由附属角色转

---

① 张军（2007）认为对于中国经济的发展，没有任何竞争有地方政府"为增长而竞争"对理解中国的经济增长那么重要。中国向地方政府的经济分权并从体制上维持一个集中的政治威权，把巨大的经济体分解为众多独立决策的小型的地方经济，创造出了地方为经济增长而激烈竞争的"控制权市场"，从根本上替代了"后华盛顿共识"所要求的前提条件。没有彻底的私人产权制度和完善的金融，但却有了地方之间为增长而展开的充分的竞争。张五常（2008）也认为以县为主角的地区竞争是破解中国经济增长奇迹的关键所在，是公司与公司之间的竞争所不能解释的。

换为主导角色。只有企业家成为真正的市场主体，政府才能对市场更好地实施调控和宏观管理，企业中企业家的导向功能和激励功能可以得到最大的发挥，最终经济活动的效率得到极大提高。

这里，我们主要关注微观企业管理对我国经济增长的作用，把泛化的管理要素的作用都集中到具体的企业家主体上，突出企业家创业的原始冲动对经济增长的重大影响。管理要素作为企业家所拥有的知识性资源，会成为一种推动经济增长的内生因素，使得长期经济增长具有持续性。结合我国企业家的现状，分析管理要素在我国经济增长中的作用及其不足，并主要从企业家知识溢出的角度关注中小企业和大企业对社会产出的影响。罗默模型假设知识在不同企业之间的溢出具有完全性，每个企业都可以对称地利用全社会的知识，而且企业存在边干边学的现象，物质资本投资同时会引起知识存量的增加，罗默据此直接将知识存量等同于全社会的资本总量，并假定私人厂商的生产函数是私有知识 k、社会知识总水平 K 和其他投入的函数，在完全竞争条件下每个厂商的私有知识是相同的，因此社会知识总水平是各个私人厂商知识持有量的总和，即 $K = nk$，其中 n 表示私人厂商的数目。

一、我国中小企业的不足

表 6.1　1998～2009 私营工业企业主要指标（单位：亿元）

年份	私营工业企业单位数（个）	私营工业企业工业总产值（A）	全部工业企业工业总产值（B）	A/B（%）	私营工业企业利润总额（C）	全部工业企业利润总额（D）	C/D（%）	全部从业人员年平均数（万人）
1998	10667	2082.87	67737.1	3	67.25	1458.1	4.6	160.8
1999	14601	3244.56	72707	4	121.52	2288.2	5.3	229.06
2000	22128	5220.36	85673.7	6	189.68	4393.5	4.3	346.42
2001	36218	8760.89	95449	9	312.56	4733.4	6.6	541.52
2002	49176	12950.86	110776.5	12	490.23	5784.5	8.5	732.9
2003	67607	20980.23	142271.2	13	859.64	8337.2	10.3	1027.61
2004	119357	35141.25	201722.2	17	1429.74	11929.3	12.0	1515.43
2005	123820	47778.2	251619.5	19	2120.65	14802.5	14.3	1692.06
2006	149736	67239.81	316589	21	3191.05	19504.4	16.4	1971.01
2007	177080	94023.28	405177	23	5053.74	27155	18.6	2252.91
2008	245850	136340.3	507448	27	8302.06	30562	27.2	2871.89
2009	256031	162026.2	548311	29	9677.69	34542	28.0	2973.84

资料来源：《中国统计年鉴》（2007、2008、2009、2010）

从表 6.1 数据可以看出，私营工业企业单位数从 1998 年至 2009 年增长了 23 倍，全部从业人员增长了 17.5 倍，私营工业企业工业总产值占全部工业企业工业总产值从 1998 年的 3% 上升到 2009 年的 29%，这一比重的年均增长速度为 2.17%；然而，私营工业企业利润总额占全部工业企业利润总额的比重从 1998 年的 4.6% 上升为 2009 年的 28%，这一比重年均增长速度为 1.95%，可见，私营工业企业利润占比增长速度显然慢于私营工业企业工业总产值占比增速，如果把利润看做是企业经营绩效的衡量标准，那么私营工业企业经营绩效显然比其他企业的经营绩效要低。

我国中小企业发展还面临着需要使用的劳动力水平差的现状。大学生虽然是人力资本的所有者，却缺乏技能，中小企业使用大学生人力资本需要预先支付较大的培训成本。中小企业利润超薄，劳动用工成本上升，使中小企业面临用工的困境。劳动力使用的诸多不足阻碍了中小企业的创业和发展。

有调查显示，我国中小企业的平均寿命只有 3.7 年，而欧洲和日本企业平均为 12.5 年、美国企业平均为 8.2 年，德国 500 家优秀中小企业有 1/4 都存活了 100 年以上。① 在发达国家，个体私营经济的状况往往被视为经济发展的晴雨表。与其他国家中小企业情况相比，我国中小企业经营过程显得过于短期化，没有发挥企业家知识或管理在长期增长中的作用。一个短期的即时生产过程或许仅仅需要资本和劳动投入就可以完成，但在一个较长的生产过程中必须要求管理要素对要素使用的配置组织和监督激励，充分发挥管理要素的组织和激励功能，生产才可以持续。因此，长期生产过程是在管理要素存在的前提下对各种投入的组合过程，对资本和劳动的配置和激励也是长期生产过程的重要组成部分。实践证明，"企业一年成功靠促销，十年成功靠产品，百年成功靠管理"。中小企业要通过商业模式、组织管理等方面的创新、企业家知识的积累来实现企业经营的长期化。

二、中小企业和大企业在总量中的贡献比较

首先分析我国中小企业和大企业在工业总产值中的贡献。表 6.2 是我国 1992~2008 年工业产值的相关数据。图 6.6 中的曲线根据表 6.2 绘制而成，中小企业工业产值的变动曲线和工业总产值变动曲线形状非常接近，从图形来看，说明中小企业产值波动是工业总产值波动的主要影响因素。

---

① 参考 2010 年民建中央《后危机时代中小企业转型与创新的调查与建议》。

表 6.2　1992～2008 中小企业和大企业工业产值（单位：亿元）①

年份	工业总产值	大企业产值	中小企业产值
1992	34599	17824	16755
1993	48402	22725	5677
1994	70176	26201	43975
1995	91894	31220	59674
1996	99595	36173	63442
1997	113733	35968	77765
1998	119048	33621	85247
1999	72707	35572	37135
2000	85673	40554	45119
2001	95449	42408	53041
2002	110776	45179	65597
2003	142271	53408	88863
2004	201722	70231	131493
2005	251620	88750	162870
2006	316589	112339	204250
2007	405177	140858	264319
2008	507448	169304	338144

用 Eviews 软件对上述三者进行 OLS 回归，其中 Y 表示工业总产值，X_1 表示大企业工业产值，X_2 表示中小企业工业产值，得出回归结果为：

$$lnY = 0.761371 + 0.384497 \times lnX_1 + 0.607895 \times lnX_2$$

$$(18.78645)(34.15653) \qquad (68.40761) \qquad\qquad (6.4)$$

回归方程系数下方括号中的数字为 t 统计量，均在 1% 的水平显著，R^2 和调整后的 R^2 都在 0.9998 以上，D－W 值为 1.356367，F 统计量也完全符合要求。X_1 和 X_2 的对数形式的系数分别为 0.384497 和 0.607895，说明中小企业和大企业的产值各自变动 1%，分别会带来总产值变动 0.607895% 和 0.384497%，可见总量变动的 60% 以上是由中小企业的变动引起的。

---

① 数据来源：中国统计年鉴（1993～2009），以上数据为全部国有及规模以上非国有工业企业工业总产值，其中，1997 年及以前年度为乡及乡以上工业企业工业总产值，中小企业产值是把中型企业和小企业的产值数据相加得出。

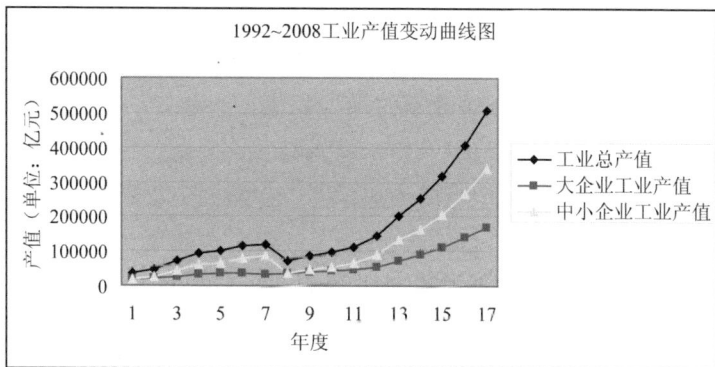

图 6.6 1992～2008 工业产值曲线图

实际上中小企业在繁荣经济、促进增长、扩大就业、推动创新等方面发挥着越来越重要的作用，已经成为推动中国经济社会持续发展的关键因素之一。而且中小企业相对于大企业，守业心理更弱，风险偏好强。当然，中小企业的这些优势的充分发挥必须以具有正常管理标准的企业家能力作为基础，中小企业的企业主知识性能力越强，企业就越能够发挥作用，市场会更加充满活力。

三、计量模型的基本假设和变量的具体涵义

为了进一步计算中小企业在人均总产值中的贡献，我们认为企业家投资的目的是进行知识生产和积累，企业家积累的知识量越多，知识溢出效应越大，企业由此获得的收益也越大。而且假定整个社会生产仅仅包括两个主体，即中小企业和大企业，并把大企业所拥有的知识当作罗默模型中的社会知识。假定企业的所有知识都是企业家知识，企业家知识的溢出方向包括向企业内部溢出和向企业外部溢出，企业家知识的外溢就是罗默模型中的知识外部性，企业家知识向企业内部溢出过程就是企业家能力的发挥过程。企业家知识的溢出获得企业的全部收益。

据上假定，给出中小企业 i 的产出方程 $Y_i = K_i^{\alpha} L_i^{1-\alpha} (K^{\xi} L^{-\xi})$，其中社会技术进步完全体现在企业的知识进展中，方程中 K_i 和 L_i 是中小企业使用的知识量和劳动量，K 和 L 是大企业总的知识量和劳动量，因为企业家经营管理着企业，可以假定企业使用的知识也即企业家所有的知识；方程中 $\alpha > 0$，$\xi > 0$，$0 < \alpha + \xi < 1$。假设生产函数具有不变的回报率，各要素报酬为其私人边际产品，因而知识的私人边际产品为 $e = \partial Y_i / \partial K_i$。

在规模报酬不变的假定条件下，可以分析得出中小企业私人知识的边际产品不受大企业的知识产出份额 ξ 影响，而与中小企业私人知识的产出弹性 α、企业家知识溢出能力 m 和人口增长率 n 相关。分析过程如下。

假设企业投资（I）用于企业家的知识积累，企业知识量的增长取决于企业家的知识溢出能力 m，$m>0$。S 表示储蓄总量，S 受知识溢出能力 m 影响，m 越大，企业家会把更多的产出用于知识生产，因为企业家可以从更多知识的溢出效应中获利，所以 $S=Y/m$，表明储蓄量与企业家能力成反向变动关系，即企业家能力越大，企业家更愿意减少储蓄而把产出用于投资，进行知识生产。于是有社会储蓄率 $s=1/m$。假定知识生产中储蓄 $S=sY$ 是投资 I 的唯一来源，可得 K 和 L 的动态学可以分别由 $\dot{K}=Y/m$ 和 $\dot{L}=nL$ 给定，n 为人口增长率。

假定中小企业的存在状态接近完全竞争条件，所有厂商 i 的 K_i/L_i 都相同，而且在中小企业和大企业共同存在的市场中，大企业的知识溢出会通过中小企业充分有效的竞争而产生 $K_i/L_i=K/L$ 这样一个结果。根据厂商 i 的产出函数 $Y_i=K_i^\alpha L_i^{1-\alpha}\,(K^\xi L^{-\xi})$，求关于 K_i 的偏导数，可得：

$$e=\frac{\partial Y_i}{\partial K_i}=\alpha K_i^{\alpha-1}L_i^{1-\alpha}(K^\xi L^{-\xi})=\alpha\left(\frac{K_i}{L_i}\right)^{\alpha-1}\left(\frac{K}{L}\right)^\xi \qquad (6.5)$$

因为竞争均衡时 $K_i/L_i=K/L$，把它代入（6.5）式中，得到知识的私人边际产品为：

$$e=\alpha\left(\frac{K}{L}\right)^{-(1-\alpha-\xi)} \qquad (6.6)$$

即有：

$$e=\alpha k^{-(1-\alpha-\xi)} \qquad (6.6)'$$

由于所有厂商 i 的 K_i/L_i 都相等，而且生产函数具有不变的回报率，因此可以写出总生产函数为 $Y=K^\alpha L^{1-\alpha}\,(K^\xi L^{-\xi})$，进一步简化为：

$$Y=K^{\alpha+\xi}L^{1-\alpha-\xi} \qquad (6.7)$$

令 $k=K/L$，$y=Y/L$，并在方程（6.7）两边同时除以 L，得人均知识产出量为：

$$y=k^{\alpha+\xi} \qquad (6.8)$$

在 $k=K/L$ 两边取导数，有：

$$\dot{k}=\frac{\dot{k}L-K\dot{L}}{L^2}=\frac{\dot{K}}{L}-\left(\frac{K}{L}\right)\frac{\dot{L}}{L} \qquad (6.9)$$

将 $\dot{K} = \dfrac{Y}{m}$ 和 $\dot{L} = nL$，即 $\dfrac{\dot{L}}{L} = n$，代入（6.9）式，可得：

$$\dot{k} = \frac{Y}{Lm} - nk = y/m - nk \qquad (6.10)$$

将（6.8）式代入（6.10）式，可得：

$$\dot{k} = \frac{k^{\alpha+\xi}}{m} - nk \qquad (6.11)$$

经济将收敛于如下情况：每人实际知识持有量 $\dfrac{k^{\alpha+\xi}}{m}$ 等于人均知识持有量 nk，即在竞争均衡增长路径上，每人持有的知识是不变的，即 $\dot{k} = 0$，因此可由（6.11）式推导出：

$$\frac{k^{\alpha+\xi}}{m} = nk，有 k^{1-\alpha-\xi} = 1/nm，$$

简化为：

$$k^* = (1/nm)^{1/(1-\alpha-\xi)} \qquad (6.12)$$

将（6.12）式代入（6.6）'式，可得：

$$e = \alpha(1/nm)^{-1/(1-\alpha-\xi)/(1-\alpha-\xi)} = \alpha\left(\frac{1}{nm}\right)^{-1}$$

因此，在均衡增长路径上，知识的边际产品为：

$$e^* = \alpha mn \qquad (6.13)$$

即企业家知识的边际产品为 $e^* = \alpha mn$。

由此，可以得出提高中小企业在知识生产方面的企业家能力、促进中小企业的就业增长率等可以提高社会产出。正如罗默所述，社会中 n 个企业的企业家是推动经济长期增长的内生性动力。然而现实经济中更接近完全竞争假设条件的是中小企业的状态，中小企业数量众多，中小企业之间的竞争程度很高。由此可见，罗默的知识溢出模型也比较适合对中小企业的分析。我们以中小企业家的数量（即中小企业数）来突出反映企业家创业的原始冲动对经济增长的影响。

在关于企业家能力经济贡献的实证分析中，Yu（1997）通过每万人拥有的企业数目、企业的进入比率、企业的退出比率比较了香港和美国的企业家活动程度对经济的影响。Audretsch 和 Thurik（2001）则以小企业所占份额来测定企业家精神的活跃程度。有鉴于这类文献，此处使用了人均利润与企业单位数作为企业家才能的替代变量，分析中小企业和大企业中知识性企业家才能在生产中的作用，并按照上述生产函数的人均形式，假定知识的进展完全反映了社会技术的变化，生产函数的人均形式为：

$$y = (rk)^{\alpha}(RK)^{\xi} \tag{6.14}$$

k 表示中小企业的私人知识投入量，K 表示大企业的知识持有量，r 表示中小企业的私人知识收益，R 表示大企业社会性知识收益，α、ξ 是产出弹性。假定完全竞争条件下，每一个中小企业的企业家所拥有的知识量是相同的，因此 k 可以由中小企业数代替，同样，K 用大企业数代替。考虑（6.14）式中的 r 和 R 分别用中小企业和大企业的人均利润水平代替，人均利润水平近似反映企业家能力，企业单位数近似反映企业家禀赋。因此，生产函数中的 rk 和 RK 可以近似地分别表示中小企业和大企业的企业家知识溢出能力及其经营绩效。

四、变量数据的选取、处理和面板数据计量模型

由于数据的可获取性，选择了我国 2003～2006 年 29 个省市的全部国有及规模以上非国有工业企业相关数据，数据来源于相应年度《中国统计年鉴》，中小企业和大企业数据采用实际的统计分类数据。其中 y 用各地区的工业总产值除以从业人员年平均数得出，k 用中小企业数，K 用大企业数，r 用中小企业利润数除以中小企业从业人员年平均数得出，R 用大企业利润数除以大企业从业人员年平均数得出。由于统计原因，西藏和宁夏数据存在较大问题，与其他省市数据不具有可比性，故从中将二者剔除。对数据处理采用面板数据回归方法，回归过程中对异方差、截面异方差、序列相关和截面相关等问题进行了检验和相应处理，克服了可能存在的上述问题。被观测样本数为 116，包括（N=29）个省市和时期（T=4）年的样本数据。

通过散点图的分析，认为应该建立对数变量的面板数据线性回归模型，根据生产函数（6.14）式，构建面板计量模型如下：

$$\ln y_{it} = \beta_1 \ln(r_{it}k_{it}) + \beta_2 \ln(R_{it}K_{it}) + \alpha_{it} \tag{6.15}$$

其中下标 i 表示地区，t 表示年份。具体计量过程如下：第一，对面板数据分别用随机效应模型、固定效应模型和混合模型进行回归；第二，对随机效应模型进行 Hausman 检验，以确立是用随机效应模型，还是个体固定效应模型，如果需要使用个体固定效应模型，则进行下一步 F 检验，以确定用个体固定效应模型，还是混合效应模型。

为此，按照以下不同模型进行了计算：（1）截面随机效应模型（Ⅰ）；（2）时期随机效应模型（Ⅱ）；（3）截面加权的广义最小二乘（GLS）混合模型（Ⅲ）；（4）截面加权的广义最小二乘（GLS）并加一阶自回归 AR（1）变

量混合效应模型（Ⅳ）；（5）不加权混合模型（Ⅴ）；（6）时期加权混合模型（Ⅵ）；（7）时期固定效应模型（Ⅶ）；（8）个体截面固定效应模型（Ⅷ）。计算结果使用 Eviews6.0 软件得出，详见表 7.3，表中用罗马数字表示相应的计量模型，回归系数和统计量具体见模型所在列的结果。

首先对随机效应模型Ⅰ和Ⅱ进行 Hausman 检验，以确定是建立随机效应模型，还是固定效应模型。对个体截面随机效应模型（Ⅰ）的 H 检验结果为：$H = 73.5 > X_{0.05}^{2}（2）= 5.99$；对个体时期随机效应模型（Ⅱ）的 H 检验结果为：$H = 66.5 > X_{0.05}^{2}（2）= 5.99$。综上结果可知，模型存在个体固定效应，应该建立固定效应模型。

如果是对个体固定，则应选择个体固定效用模型。为确定是应该建立混合模型还是个体固定效应模型，需要用 F 统计量进行检验。F 统计量可用下式计算得出：$F = \dfrac{(RSS_r - RSS_u)/N}{RSS_u/(NT - N - K)}$，其中 RSS_r 和 RSS_u 分别表示混合估计模型和个体固定效应模型的残差平方和（Sum squared resid），N 为约束条件个数，T 为时期数，K 为解释变量个数。把表 6.2 中相应模型回归结果中的残差平方和 $RSS_r = 10.088$，$RSS_u = 1.301$ 和其他量代入 F 统计量的计算公式，可得：$F = 19.8 > F_{0.05}(29，85) = 1.28$，可知建立个体固定效应模型比混合模型合理。

表 6.3　模型估计结果①

	Ⅰ	Ⅱ	Ⅲ	Ⅳ	Ⅴ	Ⅵ	Ⅶ	Ⅷ
α	0.72***	2.297***	2.109***	4.833***	2.270***	2.39***	2.62***	−0.15**
	(4.27)	(16.678)	(14.35)	(15.71)	(13.0)	(14.2)	(18.4)	(−2.17)
β_1	0.156***	0.073***	0.07*	0.041***	0.07*	0.06	0.056	0.210***
	(6.088)	(3.38)	(2.79)	(5.096)	(2.704)	(2.48)	(2.60)	(9.27)
β_2	0.261***	0.094***	0.130***	0.052***	0.097*	0.09*	0.06	0.336***
	(8.328)	(3.43)	(4.08)	(4.606)	(2.787)	(2.84)	(2.18)	(11.0)
R^2	0.638	0.301	0.449	0.988	0.306	0.28	0.571	0.984
Ad R^2	0.632	0.288	0.439	0.988	0.294	0.27	0.552	0.978
F 值	99.560	24.281	45.970	2320.1	24.90	22.2	29.31	173.7
D−W 值	0.648	0.316	0.443	1.697	0.326	0.32	0.058	2.105

---

① 表中括号中的数值为 t 统计量，*、**、*** 分别表示在 10%、5% 和 1% 的水平上显著。按照理论模型的意义，计量结果中的常数 α 被我们当作残差看待，即假定社会技术已经反映在企业知识的进展中。

Method	I	II	III	IV	V	VI	VII	VIII
	GLS (Cross-section random effects)	GLS (Period random effects)	GLS (Cross-section weights)	GLS (Cross-section weights)	Least Squares	GLS (Period weights)	GLS (Period weights)	GLS (Cross-section weights)
残差平方和	2.826	10.202	10.088	0.279	10.533	10.482	6.322	1.301
AR (1)				0.909*** (72.28)				

从上述 H 检验、F 检验及模型计量结果可以看出，对所选样本的面板计量模型使用个体固定效应模型更为合理。从表 6.3 也可以看出，个体截面固定效应模型（VIII）的各项结果都很好，使用这个模型结果进行下一步分析。

由模型 VIII，得出回归方程为：

$$\ln y_{it} = -0.15 + 0.210\ln(r_{it}k_{it}) + 0.336\ln(R_{it}K_{it}) \qquad (6.16)$$

（6.16）式中的 R^2 和 Ad R^2 分别为 0.984 和 0.978，说明模型的拟合优度很高，模型使用了广义最小二乘法（GLS），克服了模型随机项的异方差和序列相关问题，D－W 值为 2.105，也说明残差无系列相关问题，回归方程中系数的 t 统计量在 1% 水平显著，说明方程可用。

五、对计量结果的分析和评价

由以上结果可知，中小企业人均利润水平和企业数量的整体变化一单位，带来人均总产出变化 0.21 单位，大企业人均利润水平和企业数量的整体变化一单位，带来人均总产出变化 0.336 单位，大企业比中小企业对人均总量的影响更大。人均总量 y 的变动中，由中小企业贡献的份额为 38.5%，大企业贡献的份额为 61.5%。

从上述分析可以看出，中小企业在总量中的贡献为近 60%，在人均总量上的贡献为 38.5%，这表明了单位产出中中小企业使用的要素投入量大于大企业的要素投入量，以劳动力投入为例，统计样本中中小企业从业人数占全部从业人数比例 2003 年为 77.3%，2004 年为 79.2%，2005 年为 77.1%，2006 年为 76.6%。实证结果表明，与大企业比较，中小企业的要素使用存在效率损失。从计量过程看，我们把企业的知识溢出能力，即把表明企业家才能的人均利润水平和企业家数量纳入分析模型，得出了对人均总量贡献的结果。由两种结果的不一致可以推知，中小企业和大企业中企业家的知识溢出能力不同是导致这些结果的主要原因，也由此可以看出，企业家能力的不同是企业中要素使用效率不一样的决定因素，与大企业主相比，中小企业主大多数还不是真正的企业家。而理论模型分析也说明了企业家知识溢出能力决定企业边际产品的大小，因为企业私人知识边际产品均衡值为 $e^* = \alpha mn$ 。可见促进中小企业主向企业家实质性的转变，提高中小企业主的企业家知识溢出能力 m，可以提高中小企业的产出效率，从而提高中小企业在人均产出中的贡献。中小企业产出效率的提高，会带来我国生产要素整体使用效率的提高，最终为稳定我国经济增长作出贡献。

理论上，鉴于罗默知识溢出模型的关键不足在于知识仅仅是企业投资的副产品，知识溢出效应的发生只是一种随机过程，并没有刻意追求知识生产收益最大化的主体，因而使得知识溢出过程没有强烈的内在推动力。我们把管理要素作为一种企业家拥有的知识性资源加入生产模型，认为企业家知识的溢出效应是企业剩余的主要来源，使得企业家具有积累和生产知识的强烈动机，因此知识积累将内生于企业家获取知识收益的过程，从而可以弥补罗默模型中的不足。并且管理要素在经济增长中的作用是以一种内生性要素的形式推动着经济的长期增长，管理要素的报酬递增性和累积性特征也使得管理要素是一种可以决定经济增长持续性的关键要素，从而一定意义上可以拓展内生增长因素范畴，这也是一个主要理论贡献。

分析表明，在我国的转轨经济中，大企业家和中小企业家还没有完全同等的市场地位，表现以下三个方面。

其一，在企业家和政府官员的地位转换过程中大企业家基本处在主导地位，可以自主做出生产和经营决策，仅仅受大的政策环境影响，而中小企业家还需政府官员和大企业家的指导，以便形成与某些大企业的生产对接，因此市场上的独立性弱于大企业家。作为我国中小企业的绝对主体，民营企业家在经济目标与所在地区政府的政治或社会目标相冲突时，为了取得政府的支持，必须首先满足地方政府的需要。

其二，投入产出效率上表现出大企业家优于中小企业家，部分中小企业由于经营和管理不善可能很短时间内就退出市场，而不能连续积累，因此这种管理投入和企业家是没有效率的，而大企业可以在相对更长的时间存续，管理投入得以累积，从而充分发挥报酬递增的作用，实现更高的效率。

其三，管理要素作为知识性资源的累积性特征以及实证分析结果即中小企业人均产出贡献低于大企业，使我们认为中小企业家的知识性资源拥有量少于大企业家。中小企业家在市场上的竞争力主要在于创新能力和偏好风险的特质，然而，中小企业的长期存续和成功更取决于中小企业家所拥有的知识性资源禀赋。

洪银兴等（2000）也认为培养企业家是市场经济体制建设的重要方面，大批企业家的形成也可以在一定程度上弥补市场的缺陷。一方面企业家的作用可以减少市场调节和盲目性，另一方面企业家的作用可以降低和节省市场的交易费用，从而提高市场调节的效率，只有造就大批企业家才可能建立起完善的市场经济体制。然而，数量众多的中小企业主就是市场经济体制建立所需要的大批企业家的直接和主要来源。

现实中我国民营企业的企业主管理企业的知识和能力尚显不足，当企业发展到一定程度，就会发生其知识能力与企业发展不适应的现象。因此，政府要充分重视对中小企业主的培育，加大力度促进中小企业主向企业家的实质性转变，不断提升中小企业主经营管理能力和知识积累能力，倡导中小企业不断地把经营和管理过程中获得的有用经验和知识规制化，提升中小企业家能力，稳定并促进中小企业的就业增长率，强化劳动要素在经济增长中的作用，从而提高社会产出效率，成功实现经济发展方式的转变。由实证结果和理论分析，可以推知中小企业和大企业中企业家的知识溢出能力不同且前者弱于后者是导致中小企业要素使用效率不高的主要原因。

第四节　大、中、小企业家各自对中国经济总量增长贡献的实证分析

为了分析大中小企业中知识性企业家才能禀赋在生产中的作用，使用生产方程 $Y_i = K_i^{\alpha} \delta L_i^{1-\alpha}$ $(K^{\xi}L^{-\xi})$ 的扩展形式，为：

$$y = A(r_s k_s)^{\alpha}(r_m k_m)^{\beta}(R_b K_b)^{\xi} \qquad (6.17)$$

假定社会产出 y 由大、中和小企业共同生产。α，β，ξ 分别是小、中、大企业的产出份额，下标 s、m、b 分别表示小、中、大企业。

一、数据的选取和说明

因为从我国第九个五年计划开始，我国提出增长方式转变，从"九五"

向"十五"过渡时期，样本数据具有典型意义。而且由于可比较数据的获得问题，我们选取 1998~2002 年我国 30 个省市（样本期间数据库中西藏数据缺失）的大、中、小工业企业单位数和大、中、小工业企业总产值数据作为样本数据，通过构建面板数据模型，分析大中小企业的单位数和企业工业产值对于总工业产值增长的贡献。具体数据来源于中经网。

面板数据模型根据生产函数（6.17）的对数形式得出，即：

$$\ln y_{it} = \mu_{it} + \alpha_{it}\ln(r_{sit}k_{sit}) + \beta_{it}\ln(r_{mit}k_{mit}) + \xi_{it}\ln(R_{bit}K_{bit}) + \varepsilon_{it} \quad (6.18)$$

其中，y 为大中小企业工业产值之和即总产值的增长率，r_s 为小企业产值增长率，r_m 为中企业产值增长率，R_b 为小企业产值增长率，以上增长率都使用环比增长率，即增长率 = 本年数值/上年数值。k_s 为小企业数占总企业数比值，k_m 为中企业数占总企业数比值，K_b 为大企业数占总企业数比值。以下计量结果使用 Eviews6.0 软件得出。

这一模型分析了大中小企业的企业单位数量占企业总数不同权重和各自产值增长率对总产值增长率的贡献。如果把每一个企业都对应地看做一个企业家才能，这实际上分析了不同类型企业家所实现的产值增长对总增长的贡献。

二、单位根检验和协整检验

为了避免伪回归，增加回归结果的可信性，首先对样本数据进行单位根检验。分别用 ADF 和 PP 方法检验序列 $\ln y_{it}$、$\ln(r_{sit}k_{sit})$、$\ln(r_{mit}k_{mit})$、$\ln(R_{bit}K_{bit})$ 的平稳性。ADF 和 PP 检验结果见表 6.4。

表 6.4　变量的平稳性检验①

变量	检验设定形式	ADF	PP	结论
$\ln y_{it}$	（c，0）	184.87（0.00）	255.44（0.00）	I（0）
$\ln(r_{sit}k_{sit})$	（c，0）	98.73（0.0012）	116.06（0.00）	I（0）
$\ln(r_{mit}k_{mit})$	（c，0）	105.78（0.0002）	125.61（0.00）	I（0）
$\ln(R_{bit}K_{bit})$	（c，0）	207.61（0.00）	281.08（0.00）	I（0）

经检验，被解释变量序列 $\ln y_{it}$ 和解释变量序列 $\ln(r_{sit}k_{sit})$、$\ln(r_{mit}k_{mit})$、$\ln(R_{bit}K_{bit})$ 均为 I（0）过程，满足协整检验的前提。运用 Kao 和 Pedroni 残差协整检验方法进行协整关系检验，滞后阶数由 SIC 准则确定。结果如表 6.5

---

① 注：检验设定形式括号中的 c 表示有截距项，0 表示没有时间趋势项；ADF 和 PP 检验统计值括号内数据是对应统计检验的收尾概率，即 p 值。

所示。

从表 6.5 看，Kao 检验结果表明各变量存在协整关系，而 Pedroni 检验结果中 Panel PP-Statistic、Panel ADF-Statistic 和 Group PP-Statistic、Group ADF-Statistic 显示拒绝没有协整关系假说，而 Panel v-Statistic、Panel rho-Statistic 和 Group-rho-Statistic 显示接收没有协整关系假说，据此不能确定变量间存在协整关系。但对回归方程的残差序列的平稳性检验显示残差序列平稳，因此序列间存在协整关系。

表 6.5　Kao 检验和 Pedroni 检验结果（滞后阶数由 SIC 准则确定）

检验方法	检验假设	统计量名	统计量值（P 值）
Kao 检验	$H_0: \rho = 1$	ADF	− 7. 794538 （0. 0000）　*
Pedroni 检验	$H_0: \rho = 1$ $H_1: (\rho_i = \rho) < 1$	Panel v-Statistic	− 3. 645394 （0. 99）
		Panel rho-Statistic	2. 010135 （0. 978）
		Panel PP-Statistic	− 5. 334651 （0. 0000）　*
		Panel ADF-Statistic	− 5. 292430 （0. 0000）　*
	$H_0: \rho = 1$ $H_1: (\rho_i = \rho) < 1$	Group-rho-Statistic	5. 227259 （1. 0000）
		Group PP-Statistic	− 6. 330615 （0. 0000）　*
		Group ADF-Statistic	− 5. 330243 （0. 0000）　*

"＊"（结果表示在 1% 的显著性水平下拒绝原假设而接受备择假设。）

三、面板数据模型回归结果

首先对模型（6.18）使用随机效应模型回归，并对回归结果进行 Hausman 检验，卡方数值为 40.56，大于临界值。Hausman 检验结果显示应该使用固定效应模型。通过对个体截面固定和时期固定效应模型计算结果的比较，使用截面权重的个体截面固定效应模型的结果更符合要求。总体回归结果如下：

$$\ln y_{it} = 0.904 + 0.406\ln(r_{sit}k_{sit}) + 0.097\ln(r_{mit}k_{mit}) + 0.19\ln(R_{bit}K_{bit}) \quad (6.19)$$
$$(19.75)\ (33.6) \qquad\qquad (7.07) \qquad\qquad (13.7)$$

各回归系数下的括号中的数值为 t 统计量，各个系数都在 1% 水平上显著。回归方程的 R^2 为 0.94，调整后的 R^2 为 0.927，F 统计量为 60.4 （Prob（F-statistic）= 0.000），D − W 为 2.038。

从以上回归方程可以看出，如果小企业的单位数占总企业数比重与小企业产值增长率之积变动 1 单位，则总产值增长率变动 0.406 单位；中企业相应量变动 1 单位，总产值增长率变动 0.097 单位；大企业相应量变动 1 单位，总产值增长率变动 0.19 单位。在以上分析中，可以计算由大、中、小企业共同推动的总产值增长率变动中，58.6%由小企业贡献，14%由中企业贡献，27.4%由大企业贡献。中小企业为总产值增长率贡献了72.6%。

由此可见，对经济增长波动产生影响的主要因素是小企业，其次是大企业，然后是中企业。中小企业对产出增长率的贡献很大，大量的小企业是社会经济平稳增长的一个绝对主体。现实经济中，由于小企业的产值增长空间和企业数量相对大企业更容易变动，所以利用小企业的生产贡献增强社会经济实力是一个值得重视的途径。

总之，由于小企业存在创新动机强、可以解决大量社会就业、且易于调整等方面的优势，因此，增强中小企业家能力，提高中小企业市场竞争力，维持中小企业经营状况的稳定性，是我国要素使用效率提高的主要途径，通过中小企业管理投入的增强，推动我国增长方式全面转轨集约化道路，充分发挥中小企业自主创新能力，提升经济增长质量，让更多的人分享高速增长带来的社会福利。

第五节　本章小结

首先，本章从管理要素作为企业家所拥有的一种知识性资源的视角，重新分析了美国和日本的经济危机与其各自的资本深化过程之间的关系，通过比较美、日两国危机发生过程与资本—劳动比变动之间的关系，发现经济现实是资本—劳动比上升即资本深化是一个不断进行的过程，因此最终必然会偏离新古典稳态增长条件，最终经济危机爆发会使资本—劳动比回落到稳态增长区域。通过在生产函数中引入管理要素，并把管理要素界定为一种知识性资源，引入管理要素后的生产函数所表现的技术进步完全反映在知识的进展中，因此知识增长率 g 也就代表了技术进步率。分析结果表明，由于知识性管理要素及其对生产效率的促进作用，资本深化过程的危机结果得以改变。我国资本—劳动比的变化过程显示，我国经济发展过程没有出现明显大的经济波动。但我国资本—劳动比一直上升的过程提示我们要防范经济危机的发生，要加大管理投入，提高生产效率，提高劳动就业率，防止资本投资过快增长。

其次，通过对我国大企业和中小企业在工业总产量和人均工业产出中贡献的实证分析，发现相对于大企业，中小企业存在可能的低效率。因为中小企业对总量的贡献超过大企业，但中小企业对人均的贡献却低于大企业。在知识性管理投入的分析框架下，造成这种结果的原因可能是中小企业的企业家能力低于大企业的企业家能力。现实中真正具有市场竞争能力的是大企业的企业家，因为大企业经由一个较长时期的成长和经营管理，积累的知识性管理资源禀赋会大于中小企业。中小企业在市场中的竞争力在于其灵活的创新能力和对风险的偏好强于大企业，目前，中小企业的竞争力并不是源自于管理要素的长期积累，所以很多中小企业存续的时间只有短短数年。

大、中、小企业家数量占总企业家数比及其各自的产值增长率构成的面板数据模型的实证分析结果也显示，在产值增长变动中，影响最大的是小企业。也即是说，对经济增长波动产生影响最大的是小企业，其次是大企业，然后是中企业。中小企业对产出增长率的贡献很大，大量的小企业是社会经济平稳增长的一个绝对主体。因此在我国增长方式转变过程中，要解决要素驱动的经济增长不可持续性问题，提高经济增长的稳定性，关键是提高管理要素的市场化，增强中小企业参与市场竞争的能力。通过提高中小企业家的素质和知识，提高科技含量，增强创新能力，不断促进中小企业的发展壮大。随着中小企业的企业家能力提升，中小企业剩余和利润得以有效增长，企业剩余为提高企业创新能力提供了资金保障，于是企业能够存续。技术进步作为经济增长一个公认的驱动要素，不仅要充分发挥技术进步中科技创新和科学知识的作用，更重要是借助管理要素，提高劳动力潜能的发挥空间，强化劳动要素在经济增长中的作用，提高劳动要素的产出份额和生产贡献。通过提高中小企业的企业家能力，稳定和提升中小企业的经营绩效，提高中小企业就业增长率，从而提高社会就业增长率，让更多人共享经济增长带来的福利。

第七章

主要结论与政策建议

第一节　主要结论

一、关于管理要素的经济学涵义

管理要素在社会经济中的作用和地位随着技术水平的进步而日益提高，其内涵实质上都可以归结为经验性知识的获得过程。经济学范畴中有关管理要素的涵义，可以从关于企业家和企业家能力特征的探讨中得以揭示。企业家是一个主要行使激励功能和配置功能的企业组织主体，企业家能力的大小完全反映在其所拥有知识的多寡上。结合内生的知识生产模型，企业家对经济增长的影响可以作为一种内生力量，一个经济体中企业家禀赋和企业家能力的高低对经济增长具有决定性作用。

本书首次尝试着把管理要素界定为企业家所拥有的一种知识性资源，并论述其具有报酬递增性和累积性特征。根据这一涵义，可以推知，真正具有市场竞争能力的是大企业的企业家，因为大企业经由一个较长时期的成长和经营管理，积累的知识性管理资源禀赋会大于中小企业。从管理要素理论内涵的分析过程看，政府应该大力鼓励中小企业家对自身能力的积累，提高中小企业家学习能力和知识积累程度。中小企业在市场中之所以具有竞争力在于其灵活的创新能力和对风险的偏好强于大企业，随着中小企业成长，其创新的灵活性和动力会降低，而且出于对既存资产和利润的守业心理，会降低对风险的偏好，从而也降低了中小企业的竞争能力。因此，提高中小企业市场竞争力的措施除了强化在创新和偏好风险方面的优势，一个关键措施是提高它们在管理方面的知识积累程度，提高中小企业家的管理能力。

二、基于管理要素的内生增长数理模型及其启示

本书可能的第二个创新点在于，根据管理要素知识性内涵对内生增长理论

的可能发展，基于管理要素的激励功能和配置功能，把要素投入区分为激励型投入和配置型投入，结合企业家激励能力和劳动者付出的劳动努力，构建的两部门经济和三部门经济内生增长模型。数理模型分析表明，激励型投入和配置型投入、企业家激励能力和劳动者努力程度、政府对企业家激励投入在均衡增长中都有不可替代的积极作用。

作为激励型投入的劳动和作为配置型投入的资本组合比例（L/K）的变化会带来经济增长率的变化。数理模型分析表明，减小 L/K 的比值可以提高配置型投入的租金价格 R_D，从而促进经济增长率。也即是说，K/L 的比值增加会带来经济增长率的提高，但由于我们考虑了生产模型中管理投入的激励作用和配置作用，K/L 的比值的变化可以通过管理投入的作用来实现。如果管理投入加强了对激励型投入即劳动的激励作用，充分利用和挖掘劳动力的潜能以使单位劳动的生产率提高，那么在物质资本配置不变的前提下也可以实现 K/L 的比值的变大，从而提高产出增长率。这有助于我们利用管理投入解释如何在资本深化过程中缓解经济波动，因为劳均资本（K/L）变大不是通过资本投入的无限扩大实现的，而是通过管理激励提高劳动效率，从而实现单位产出所需劳动量的减少实现的。

而且，在考虑政府部门作用的前提下，作为配置型投入的物质资本，其边际产出的大小受激励型因素即企业家激励能力和劳动努力程度、政府激励性投入等因素影响，提高激励投入和政府公共支出可以推动经济增长。因此，可能的创新性在于把管理投入引进内生增长模型，并由此把生产要素投入区分为激励型投入和配置型投入，突出生产效率源自管理要素对劳动激励这一特征事实，从而可以避免由于人力资本概念的不清晰而造成的理论混乱。最终为把管理要素引入内生增长模型提供了一个可能的创新性思路。

三、管理要素在技术进步中的作用和实现机制

因为经济增长中技术进步的重要性是人所共知的，作为管理要素核心部分的企业家，由于其自身在经济活动中的特殊性，必然更清楚技术进步对于经济增长的作用，由于企业家是企业剩余的所有者，利润最大化的动机将促使企业家把企业剩余用于技术进步的实现过程。因此，可以说管理要素本身的投入过程就是技术进步的一种实现机制。

从理论界对技术进步中性概念的讨论可以看出，技术进步是与各要素的产出贡献以及它们之间的弹性关系紧密相关的。本书的又一可能创新之处在于从管理投入的视角发现了这一弹性关系。即由于企业中劳动要素潜能的发挥需要

企业家的激励，而且这种潜能发挥的空间还很大，这使得在宏观生产中，管理要素的产出贡献大小与劳动要素的贡献正相关，而与资本要素的贡献负相关。美国作为一个发达的市场经济国家，其数据已经检验了这种假说。这说明在不同的工业化发展阶段，可以选择的技术进步实现方式不同，要素投入的组合方式也不同。我国逐渐正式走上了完全市场化的道路，随着改革的深入，今后我国的要素配置状态及其产出弹性关系将会沿着正式市场的轨迹按照上述弹性关系规律演进。

因此一方面我们要改变投资过快增长的现状，而另一方面又必须维持一个合适的投资增长速度，以便和劳动要素的配置比例协调，满足生产要素产出弹性关系规律。在要素产出弹性关系规律支配下，不断提高劳动力自身素质将是管理要素充分发挥激励作用的一个关键条件，为了使要素的投入结构能实现最佳的配置效率和激励效率，同时必须增强管理投入积累程度。在一个劳动要素比例较大的经济体中，应该充分发挥管理要素的作用，通过企业家的激励作用，来加强劳动要素和管理要素在产出中的作用和贡献。另一方面，和劳动要素相比，资本要素的非激励性和边际报酬递减性，必然会使资本的贡献份额降低，所以需要改变资本投入过快增长的现状。

在引入管理要素的内生增长模型中，把非体现型技术进步部分看做是管理要素的作用带来了效率变化而实现的部分，从而使非体现型技术进步内涵具体化，同时非体现型技术进步也是由经济系统中的管理要素对要素激励型投入和配置型投入组合方式的选择而内生决定的，因此这部分由管理要素实现的技术进步部分，既是非体现的技术进步，也是内生于经济增长的。

四、内生性管理要素对分解 TFP 的作用

利用索洛增长核算法，对我国资本、劳动和管理投入诸因素对经济增长贡献率进行计量分析，从实证分析过程和结果看，由于在计量模型中加入了管理投入，使得计量结果中回归方程的常数项（一般被看做广义技术进步率）很小，甚至为负数。当然，这一方面可能是纯粹计量残差干扰的结果，但是在索洛核算中这种拟合残差就是被称为索洛剩余，即全要素生产率。可见，在严格的规模报酬不变假定下，仅仅考虑资本和劳动两种投入，会产生一个较大的"索洛余值"，但如果放松规模报酬不变的假定，把与效率紧密相关且具有报酬递增规律的管理投入纳入生产模型进行计量，结果会大大分解索洛余值。由此认为，管理投入在宏观生产模型中可以分解全要素生产率，并且占了一个较大的比例。

在现有的 TFP 计量中，由于最多投入资本和劳动两种要素且假定规模报酬不变，所以 TFP 所反映的技术进步，最多只涉及反映在资本投入和劳动投入上的物化技术进步，它反映不了在资本投入和劳动投入之外体现在管理投入上的非体现型技术进步。在实证分析中，近似用企业利润水平来替代管理投入，分析得到的结果即管理投入对生产效率的重大贡献和其在生产中极端重要的地位是值得理论界长期关注的。

实践中企业生产率主要来源于管理要素的作用，通过企业中管理要素投入对企业效率的促进，最终提高宏观经济增长中的全要素生产率，从而为提高经济增长率提供动力。因此要提高微观企业的生产效率，关键之一是要突出重视企业投入中管理投入的核心作用，从而使全要素生产率获得真正的来源，最大可能地避免造成我国未来经济增长不稳定和不可持续的状况。而且，企业家在经营管理中所得到的成功经验和管理方法、管理手段等要尽快规则化和规制化，形成管理方面的知识性条文，以便整个管理团队共享这种知识性资源，从而支撑企业长期化。

五、管理投入在中国经济增长中的作用

按照本书的理论分析，管理投入在经济增长中存在很大的贡献。而各种类型的企业是管理投入的载体，其中中小企业数量众多，但中小企业的企业家能力相比大企业的企业家能力显得不足和低下。因此通过经验数据实证分析不同类型企业家对经济增长的作用，可以明确大、中和小企业各自对经济增长的贡献和不足。

计量模型的构建是鉴于罗默知识溢出模型的关键不足在于知识仅仅是企业投资的副产品，知识溢出效应的发生只是一种随机过程，并没有刻意追求知识生产收益最大化的主体，因而使得知识溢出过程没有强烈的内在推动力。本书把管理要素作为一种企业家拥有的知识性资源加入生产模型，认为企业家知识的溢出效应是企业剩余的主要来源，使得企业家具有积累和生产知识的强烈动机，因此知识积累将内生于企业家获取知识收益的过程，从而可以弥补罗默模型中的不足。并且管理要素在经济增长中的作用是以一种内生性要素的形式推动着经济的长期增长，管理要素的报酬递增性和累积性特征也使得管理要素是一种可以决定经济增长持续性的关键要素。在 Baumol、Acs 等重视创业企业家活动的知识溢出理论的基础上，注重分析接近完全竞争条件的中小企业家的作用。

在上述理论基础上，利用我国省级面板数据，实证分析中把我国企业家按

照大企业和中小企业区分成两个主体，比较和分析不同类型企业家对我国经济增长的总量贡献和人均贡献的差异，这种方法使我们更直接地看到管理要素在我国经济增长中所起的作用及其不足。按照企业家知识溢出能力的生产模型，利用中国工业产出相关的省级面板数据，实证分析了中小企业和大企业在总量产出和人均产出中的贡献，分析结果表明中小企业在总量产出中贡献了 60%，而在人均产出中仅贡献 38.5%；大企业在总量产出中贡献了 40%，而在人均产出中贡献了 61.5%。分析两种贡献结果不一致的原因，主要在于我们把人均利润水平和企业数量作为实现人均产出的主要因素，模型计量中企业数量近似代表企业家的数量，人均利润水平近似代表企业家能力的绩效。实质上，统计数据显示中小企业数量大大超过大企业数量，因此造成两种贡献结果不一致的原因可能是中小企业主并不都是具备企业家能力的企业家，或者是中小企业家的知识溢出能力逊色于大企业家。

实证分析结果表明，在我国的转轨经济中，大企业家和中小企业家还没有完全同等的市场地位，表现为三个方面。其一，在企业家和政府官员的地位转换过程中大企业家基本处在主导地位，可以自主做出生产和经营决策，仅仅受大的政策环境影响，而中小企业家还需政府官员和大企业家的指导，以便形成与某些大企业的生产对接，因此市场上的独立性弱于大企业家。作为我国中小企业的绝对主体，民营企业家在经济目标与所在地区政府的政治或社会目标相冲突时，为了取得政府的支持，必须首先满足地方政府的需要。其二，投入产出效率上表现出大企业家优于中小企业家，部分中小企业由于经营和管理不善可能很短时间内就退出市场，而不能连续积累，因此这种管理投入和企业家是没有效率的，而大企业可以在相对更长的时间存续，管理投入得以累积，从而充分发挥报酬递增的作用，实现更高的效率。其三，管理要素作为知识性资源的累积性特征以及实证分析结果即中小企业人均产出贡献低于大企业，使我们认为中小企业家的知识性资源拥有量少于大企业家。中小企业家在市场上的竞争力主要在于创新能力和偏好风险的特质，然而，中小企业的长期存续和成功更取决于中小企业家所拥有的知识性资源禀赋。

中小企业经营管理上的不足导致中小企业不能长期存续是造成宏观经济波动加剧的主要原因之一。在短期中经济波动是一种常态，长期经济增长总是在短期经济波动起伏中实现的。面对经济的短期波动，大企业更富于抵抗力，而我国中小企业特别是小企业表现得经不起任何波动，经济一有风吹草动，首先是大量小企业倒闭，结果造成人力资源和资本资源浪费，表现为社会失业率上升，社会生产能力下降。中小企业的管理投入或企业家能力不足，使得倒闭的企业不能较快地转型，也使得经济复苏的速度过慢。如果中小企业的企业家能力提高，那么中小企业在经济波动中不会很快倒闭，即使倒闭，具有较强能力的企业家也可以较快实现生产或经营的转型，重新组织生产，这样会加快经济复苏的速度。因此，提高中小企业家能力是维持我国经济长期持续稳定增长的一个重要措施。

第二节　政策建议

综合理论分析和实证分析结果，我们得出的政策建议集中于：

一、加强企业在管理方面知识的积累。因为管理要素作为一种知识性资源，具有报酬递增性和累积性特征。企业积累的管理方面的知识越多，所能实现的收益会越大，对社会经济增长的贡献也会越大。因此，政府要采取一切措施，鼓励和督促各类企业家把经营管理中所得到的成功经验和管理方法、管理手段等尽快规则化和规制化，形成管理方面的知识性条文，以便整个管理团队和企业群体共享这种知识性资源，加强大企业对中小企业管理知识资源方面的对接和输出，从而支撑中小企业长期化。政府不仅可以根据企业实现的利润和税收对企业奖励，更重要的是对企业在经营管理过程中形成的管理方面的知识成果进行大力奖励和扶持。

二、加快中小企业主向企业家的实质性转变。通过对企业家能力和知识的积累，提升中小企业的企业家能力，从而提高中小企业资源的使用效率；切实促进中小企业的就业增长率，并由此提高中小企业的边际产出；提高中小企业之间的竞争程度并利用中小企业维持市场的充分竞争，由于充分竞争条件下中小企业较易进出，因此可以方便经济结构调整，从而有利于保持经济平稳较快发展。现实中我国民营企业的企业主管理企业的知识和能力尚显不足，当企业发展到一定程度，就会发生其知识能力与企业发展不适应的现象。

因此，政府要充分重视对中小企业主的培育，采取企业家沙龙、企业家培训、到中小企业经营成功的国家学习经验等措施，促进中小企业主向企业家的实质性转变，不断提升中小企业主经营管理能力和知识积累能力，倡导中小企业不断地把经营和管理过程中获得的有用经验和知识规制化，提升中小企业家能力，稳定并促进中小企业的就业增长率，强化劳动要素在经济增长中的作用，从而提高社会产出效率。总之，政府应该致力于加大中小企业内部管理的投入和积累程度，以便提高中小企业在知识生产方面的企业家能力、促进中小企业的就业增长率，最终提高社会总产出。

三、充分发挥社会劳动的潜能，激发经济增长潜力。由于在管理投入激励功能的作用下，激励型劳动投入的潜能发挥是实现社会产出极大增长的重要力量。我国劳动力资源富裕，但劳动力素质还比较低，劳动力受教育程度不够，这影响了劳动潜能的发挥。因此，我国要加大对劳动者的培训，改变部分地方劳动者安于现状和懒惰的不良劳动习惯，提高劳动者的努力程度。产业结构调整要偏重于加大力度发展劳动密集型产业，完善劳动法规，尊重劳动者权利，为劳动者发展提供一切可能的支持。恰当地配置资本和劳动的配合比例，避免资本投入过快增长，通过管理投入使劳动投入单位产出效率提高，最终控制资产价格泡沫在一个合适的范围之内，从而避免资本过度深化所带来的经济危机和经济波动，维持经济平稳发展。

四、加大管理投入，充分发挥非体现的技术进步在经济增长中的作用。体现型技术进步包括资本体现型技术进步和劳动体现型技术进步，在经济增长中具有重要作用，体现型技术进步对促进社会产出增长的作用主要通过机器设备和高技术人才等方面的引进实现。然而，非物化的技术进步即非体现型技术进步在经济增长中与体现型技术进步具有同样重要的作用，甚至比后者更重要。非体现型技术进步的作用是管理投入作用的结果，一般以企业家才能的发挥、组织形式的改进、生产结构和生产过程的优化等方式起作用。然而，在本书的框架之外，由于没有引入管理投入，非体现的技术进步是外生于经济增长的，这导致的结果是从技术进步的角度，使得人们在寻求长期增长的动力中没有考虑这一因素。因为管理投入是实现效率的又一主要来源，经济增长中管理要素的内生特征提示我们，长期增长应该重视管理要素的作用，因此应该加大管理投入力度。

参考文献

中文参考文献

论文类：

[1] 毕泗锋：《引入管理者要素的企业生产模型》，《财经科学》，2008（11）：83~90。

[2] 陈勇，唐朱昌：《中国工业的技术选择与技术进步：1985~2003》，《经济研究》，2006，（9）：50~61

[3] 程方敏，企业家：《现代经济运作的重要力量》，《青海社会科学》，1998（4）。

[4] 邓翔，李建平：《中国区域经济增长的动力分析》，《管理世界》，2004（11）：68~76。

[5] 段文斌，尹向飞：《中国全要素生产率研究评述》，《南开经济研究》，2009（2）。

[6] 冯英俊，马魁东，孙剑飞：《管理在经济增长中贡献率的一种测算方法》，《数量经济技术经济研究》，2003（3）：49~53。

[7] 付强：《地区行政垄断、技术进步与粗放型经济增长》，《经济科学》，2008（5）：69~80。

[8] 郭庆旺，赵志耕，贾俊雪：《中国省份经济的全要素生产率分析》，《世界经济》，2005（5）：46~53。

[9] 葛虹，冯英浚：《管理有效性与管理贡献率的测算》，《数学的实践与认识》，2008，38（21）：11~18。

[10] 黄先海，徐圣：《中国劳动收入比重下降成因分析——基于劳动节约型技术进步的视角》，《经济研究》，2009（7）：34~44。

[11] 寇宗来：《技术差距、后发陷阱和创新激励——一个纵向差异模型》，《经济学（季刊）》，2009，8（2）：533~550。

[12] 雷明：《技术进步，组织管理效率与生产率变动决定》，《经济科学》，1997（4）。

[13] 雷明，孙曙：《一种新的全要素生产率变动的分解模式》，《经济科学》，2010（1）：34~41。

[14] 李京文，郑友敬，杨树庄：《中国经济增长分析》，《中国社会科学》，1992（1）：15~36。

[15] 李获：《技术进步与要素收入分配》，《CCER学刊》，北京大学中国研究中心CCER

学刊 2003 年第二次研讨会。

[16] 刘伟，蔡志洲：《经济周期与宏观调控》，《北京大学学报（哲学社会科学版）》，2005（2）。

[17] 刘骏民，宛敏华：《依赖虚拟经济还是实体经济：中美核心经济与核心需求的比较》，《开放导报》，2009（1）：15～20。

[18] 刘明兴，陶然，章奇：《制度、技术和内生经济增长》，《World Economic Forum》，2003（6）：64～80。

[19] 刘遵义：《东亚经济增长的源泉与展望》，《数量经济技术经济研究》，1997（10）。

[20] 李平，随洪光：《三种自主创新能力与技术进步：基于 DEA 方法的经验分析》，《世界经济》，2008（2）：74～83。

[21] 李子奈，鲁传一：《管理创新在经济增长中贡献的定量分析》，《清华大学学报（哲学社会科学版）》，2002（2）：25～31。

[22] 林毅夫，任若恩：《东亚经济增长模式相关争论的再探讨》，《经济研究》，2007（8）：4～12。

[23] 鲁传一，李子奈：《对企业家在经济中作用的辩证思考》，《清华大学学报（哲学社会科学版）》，2003（2）：12～15。

[24] 吕冰洋，于永达：《要素积累、效率提高还是技术进步？——经济增长的动力分析》，《经济科学》，2008（1）：16～27。

[25] 马魁东，冯英浚：《管理在国民经济增长中的贡献率》，《哈尔滨商业大学学报（自然科学版）》，2004（4）：410～414。

[26] 聂锐：《论管理对经济增长的贡献》，《中国矿业大学学报（社会科学版）》，2001（2）：67～70。

[27] 彭国华：《我国地区全要素生产率与人力资本构成》，《中国工业经济》，2007（2）：52～59。

[28] 冉光和，曹跃群：《资本投入、技术进步与就业促进》，《数量经济技术经济研究》，2007（2）：82～91。

[29] 沈坤荣：《中国综合要素生产率的计量分析与评价》，《数量经济技术经济研究》，1997（11）。

[30] 沈坤荣，唐文：《大规模劳动力转移条件下的经济收敛性分析》，《中国社会科学》，2006（5）。

[31] 涂正革，肖耿：《中国的工业生产率革命：用随机前沿生产模型对中国大中型工业企业全要素生产率增长的分解及分析》，《经济研究》，2005（3）。

[32] 王志刚，龚六堂，陈玉宇：《地区间生产效率与全要素生产率增长率分解（1978～2003）》，《中国社会科学》，2006（2）。

[33] 王兵，颜鹏飞：《技术效率、技术进步与东亚经济增长——基于 APEC 视角的实证分

析》，《经济研究》，2007（5）：91～103。

[34] 席酉民：《中小企业：公司治理研究的新领域》，《管理世界》，2006（8）。

[35] 姚先国，薛强军，黄先海：《效率增进、技术创新与 GDP 增长——基于长三角 15 城市的实证研究》，《中国工业经济》，2007（2）。

[36] 颜鹏飞，王兵：《技术效率、技术进步与生产率增长：基于 DEA 的实证分析》，《经济研究》，2004（12）。

[37] 杨文举：《技术效率、技术进步、资本深化与经济增长：基于 DEA 的经验分析》，《世界经济》，2006（5）。

[38] 易纲，樊纲，李岩：《关于中国经济增长与全要素生产率的理论思考》，《经济研究》，2003（8）：13～20。

[39] 岳书敬，刘朝明：《人力资本与区域全要素生产率分析》，《经济研究》，2006（4）：90～96。

[40] 云鹤，舒元：《企业家合约与经济增长》，《经济学（季刊）》，2008（4）：1301～1316。

[41] 庄子银：《创新、企业家活动配置与长期经济增长》，《经济研究》，2007（8）：82～94。

[42] 庄子银：《企业家精神、持续技术创新和长期经济增长的微观机制》，《世界经济》，2005（12）：32～43。

[43] 张军 等：《中国为什么拥有了良好的基础设施》，《经济研究》，2007（3）。

[44] 张军，施少华：《中国经济全要素生产率变动：1952～1998》，《世界经济文汇》，2003（2）。

[45] 张军：《资本深化、工业化与经济增长：中国的转轨特征》，《经济研究》，2002（6）。

[46] 张小蒂，赵榄：《"干中学"、企业家人力资本和我国动态比较优势增进》，《浙江大学学报（人文社会科学版）》，2009，39（4）：73～81。

[47] 郑京海，胡鞍钢等：《中国的经济增长能否持续？——一个生产率视角》，《经济学（季刊）》，2008，7（3）：777～808。

[48] 朱勇，吴易风：《技术进步与经济的内生增长：新增长理论发展述评》，《中国社会科学》，1999（1）。

[49] 周勤，蔡银寅，杜凯：《技术水平与技术利润贡献的实证研究》，《中国工业经济》，2008（12）：38～47。

[50] 周其仁：《市场里的企业：一个人力资本与非人力资本的特别合约》，《经济研究》，1996（6）。

[51] 周黎安等：《企业生产率的代际效应和年龄效应》，《经济学（季刊）》，2007（4）：1298～1318。

[52] 周黎安：《中国地方官员的晋升锦标赛模式研究》，《经济研究》，2007（7）：36~50。

著作类：

[53] 阿弗里德·马歇尔著、廉运杰译：《经济学原理》，华夏出版社，2005。

[54] 车维汉：《日本经济周期研究》，辽宁大学出版社，1998。

[55] 陈宝森等：《美国经济周期研究》，商务印书馆，1993。

[56] 池本正纯著、姜晓民等译：《企业家的秘密》，辽宁人民出版社，1985。

[57] 戴维·罗默：《高级宏观经济学》，商务印书馆，1999。

[58] 菲利普·阿吉翁等．：《内生增长理论》，北京大学出版社，2004。

[59] 高铁梅：《计量经济分析方法与建模：Eviews 应用及实例》，清华大学出版社，2006。

[60] 国家统计局：《中国统计年鉴》，中国统计出版社，1986 至 2010。

[61] 国家统计局：《中国劳动统计年鉴》，中国统计出版社，2008。

[62] 国家自然科学基金委员会：《自然科学学科发展战略调研报告：管理科学》，科学出版社，1995。

[63] 郭吴新：《90 年代美国经济》，山西经济出版社，2000。

[64] 洪银兴等：《经济增长方式转变研究》，南京大学出版社，2000。

[65] James Riedel，金菁，高坚：《中国经济增长新论：投资、融资与改革》，北京：北京大学出版社，2007。

[66] 李京文，郑友敬：《技术进步与产业结构——选择》，经济科学出版社，1989。

[67] 李京文等：《生产率和中美日经济增长研究》，中国社会科学出版社，1993。

[68] 刘方棫等：《生产力经济学教程》，北京大学出版社，1988。

[69] 林毅夫等：《中国的奇迹：发展战略与经济改革》，上海三联书店，1994。

[70] 罗伯特·M. 索洛等：《经济增长因素分析》，商务印书馆，1999。

[71] 罗伯特·M. 索洛：《经济增长理论：一种解说》，上海三联书店、上海人民出版社，1994。

[72] 罗伯特 J. 巴罗：《经济增长》，中国社会科学出版社，2000。

[73] 卢卡斯：《经济发展讲座》，江苏人民出版社，2003。

[74] 萨缪尔森等：《经济学（第 12 版）》，中国发展出版社，1992。

[75] 沈坤荣等：《中国经济的转型与增长——1978~2008 年的经验研究》，南京大学出版社，2008。

[76] 速水佑次郎：《发展经济学——从贫困到富裕》，社会科学文献出版社，2003。

[77] 舒尔茨：《论人力资本投资》，北京经济学院出版社，1990。

[78] 唐文健：《中国经济增长收敛性及其机理研究》，人民出版社，2009。

[79] 威廉·鲍莫尔等：《好的资本主义，坏的资本主义》，中信出版社，2008。

[80] 吴敬琏：《中国增长模式抉择》，上海远东出版社，2009。

[81] 西奥多·W. 舒尔茨：《改造传统农业》，商务印书馆，1987。

［82］西奥多·W. 舒尔茨：《报酬递增的源泉》，北京大学出版社，2001。

［83］谢辛斯基：《自由企业经济体的创业、创新与增长机制》，东方出版中心，2009。

［84］于刃刚等：《生产要素论》，中国物价出版社，1999。

［85］约翰·奈斯比特：《大趋势——改变我们生活的十个新方向（中译本）》，商务印书馆，1982。

［86］张军：《中国的工业改革与经济增长：问题与解释》，上海三联书店、上海人民出版社，2003。

［87］张五常：《中国的经济制度》，花千树出版社，2008。

［88］张晓峒：《应用数量经济学》，机械工业出版社，2009。

［89］张玲：《美国的经济现状及前景分析》，载《21 世纪初的美国经济》，中国经济出版社，2003。

［90］朱勇：《新增长理论》，商务印书馆，1999。

［91］左大培等：《经济增长理论模型的内生化历程》，中国经济出版社，2007。

英文参考文献

期刊类：

［1］Abramovitz, M. , "The Search of the Sources of Growth: Area of Ignorance, Old and New", *Journal of Economic History*, 1993.

［2］Acs, Z. J. et al, "The Knowledge Spillover Theory of Entrepreneurship", *Small Business Economics*, 2009, (32).

［3］Acs, Z. J. , and Audretsch, D. , "Innovation in large and small firms", *American Economic Review*, 1988, 78.

［4］Aghion, P. and Peter Howitt, "A Model of Growth through Creative Destruction", *Econometrica*, 1992, 60.

［5］Aigner, D. J. and Chu, S. F. , "On Estimating the Industry Production Function", *American Economic Review*, (Sep.) 1968, 58 (4).

［6］Aigner, D. J. , Lovell, C. A. K. , Schmidt, P. , "Formulation and Estimation of Stochastic Frontier Production Function Models", *Journal of Econometrics*, 1977, 6.

［7］Arrow K. J. , "The Economic Implications of Learning by Doing", *Review of Economic Studies*, 1962, 29.

［8］Audretsch, D. B. and Thurik, A. R. , " Linking Entrepreneurship to Growth", *OECD Science, Technology and Industry*, Working Papers, 2001, OECD Publishing.

［9］Audretsch D. B. , "Entrepreneurship: A Survey of the Literature", Working Paper Prepared for the European Commission, *Enterprise Directorate General*, 2002.

［10］Barro, R. J. and Becker, G. S. , "Fertility Choice in a Model of Economic Growth", *Econometrica*, 1989, 57.

[11] Barro, R. J., "Human Capital and Growth", *American Economic Review*, 2001, 91.

[12] Barro, R. J., and X. Sala-I-Martin, "Convergence", *Journal of Political Economy*, 1992, Vol. 100, No. 2 (Apr).

[13] Barro, R. J., "Government Spending in a Simple Model of Endogenous Growth", *Journal of Political Economy*, 1990, 98.

[14] Battese, C. E., and Coelli, T. J., "Prediction of Firm-level Technical Efficiencies With a Generalised Frontier Production Function and Panel Data", *Australian Journal of Economics*, 1988, 38.

[15] Battese, G. E., and Coelli, T. J., "A Model for Technical Inefficiency Effects in a Stochastic Frontier Production Function for Panel Data", *Empirical Economics*, 1995, 20.

[16] Baumol, W. J., "Entrepreneurship, Productive, Unproductive and Destructive", *Journal of Political Economy*, 1990, (5).

[17] Baumol, W. J., "Small Enterprises, Large Firms, Productivity Growth and Wages", *Journal of Policy Modeling*, 2008, 30.

[18] Baumol., W. J., "Entrepreneurship in economic theory", *American Economic Review*, 1968, 58..

[19] Baumol, W. J., "Productivity Growth, Convergence, and Welfare: What the Long-Run Data Show", *American Economic Review*, 1986, Vol. 76, No. 5 (Dec).

[20] Bauer, P. W., "Recent Developments in the Econometric Estimation of Frontiers", *Journal of Econometrics*, 1990, 46.

[21] Becker, G. S., Barro, R. J., "A Reformulation of the Economic Theory of Fertility", *Quarterly Journal of Economics*, 1988, 103.

[22] Becker, G. S., Murphy, K. M. and Tamura, R., "Human Capital, Fertility, and Economic Growth", *Journal of Political Economy*, 1990, 98.

[23] Becker, G. S., Murphy, K. M., "The Division of Labor, Coordination Costs and Knowledge," *Quarterly Journal of Economics*, 1992, Vol. CVII, Issue 4.

[24] Burmeister, E. and Tumovsky, S. J., "Capital deepening response in an economy with heterogeneous capital goods", *American Economic Review*, 1972, 62 (Dec.).

[25] Carree, M. A., Stel, A. J. van, Thurik, A. R. and Wennekers, S., "Economic Development and Business Ownership: An Analysis Using Data of 23 OECD Countries in the Period 1976 ~ 1996 ", *Small Business Economics*, 2002, 19.

[26] Caves, R. E., "Industrial Organization and New Findings on the Turnover and Mobility of Firms ", *Journal of Economic Literature*, 1998, 36.

[27] Charnes, A., Cooper, W. W. and Rhodes, E., "Measuring the Efficiency of Decision Making Units", *European Journal of Operational Research*, 1978, 2.

[28] Chow, G. C., "Capital Formation and Economic Growth in China", *Quarterly Jorunal of Economic*, 1993.

[29] Easterly, W. and Levine, R., "Tropics, Germs and Crops", *Journal of Monetary Economics*, 2003, vol. 50.

[30] Fare, R., Grosskopf, S., Norris, M., and Zhang Z., "Productivity Growth, Technical Progress, and Efficiency Changes in Industrialised Countries", *American Economic Review*, 1994, 84.

[31] Felipe, J., "Total Factor Productivity Growth in East Asia: A Critical Survey", *Journal of Development Studies*, 1997, 35 (4).

[32] Galor, Oded and Weil, David N., "Population, Technology, and Growth: From Malthusian Stagnation to the Demographic Transition and Beyond", *American Economic Review*, 2000, 90.

[33] Greiner, A., "Human Capital Formation, Public Debt and Economic Growth", *Journal of Macroeconomics*, 2008, 30.

[34] Grossman, G. M., and Helpman, E., "Trade, Knowledge Spillovers and Growth", *European Economic Review*, 1991, 35.

[35] Hall and Jones, "Why Some Countries Produce So Much More Output Per Worker Than Others?", *Quarterly Journal of Economics*, 1999, vol. 114 (1).

[36] Hayek, F. A., "The Use of Knowledge in Society", *American Economic Review*, XXXV, No. 4; September, 1945.

[37] Hsieh, C., "Productivity Growth and Factor Prices in East Asia", *American Economic Review*, 1999, 89 (2).

[38] Intriligator, M. D., "Embodied Technical Change and Productivity in the United States 1929 ~ 1958", *Review of Economics and Statistics*, 1965, Vol. 47, No. 1 (Feb.).

[39] Jorgenson, D. W., "Christensen, L. R. and Lau, L. J., Transcendental Logarithmic Production Frontiers", *Review of Economics and Statistics*, 1973, 55.

[40] Kendrick, J. and Sato, R., "Factor Prices, Productivity and Economic Growth", *American Economic Review*, Dec. 1963, 53 (5).

[41] Kirzner, Israel M, "Creativity and/or Alertness: A Reconsideration of the Schumpeterian Entrepreneur", *Review of Austrian Economics*, 1999, 11 (1 ~ 2).

[42] Kim, J. I., Lau, L. J., "The Sources of Economic Growth of the East Asian Newly Industrialized Countries", *Journal of the Japanese and International Economics*, 1994, 8 (3).

[43] Krugman, P. R., "The Myth of Asia' Miracle", *Foreign Affairs*, December, 1994.

[44] Kumbhakar, S. C., "Production Frontiers, Panel Data and Time-Varying Technical Inefficiency", *Journal of Econometrics*, 1990, 46.

［45］ Leibenstein, H. , "Entrepreneurship and Development", *American Economic Review*, 1968, (58).

［46］ Lucas, Robert E. , Jr. , "Why Doesn't Capital Flow from Rich to Poor Countries", *American Economic Review*, 1990, 80.

［47］ Lucas, Robert E. , Jr. , "On the Mechanics of Economic Development", *Journal of Monetary Economics* , 1988, Vol. 22.

［48］ Nadiri, M. I. , "Some Approaches to the Theory and Measurement of Total Factor Productivity: A Survey", *Journal of Economic Literature*, 1970, Vol. 8 Issue 4.

［49］ Nadiri, M. I. , "International Studies of Factor Inputs and Total Factor Productivity: A Brief Survey", *Journal of Economic Literature*, (Jun) 1972.

［50］ Nelson, R. R. , "Aggregate Production Functions and Medium-Range Growth Projections ", *American Economic Review* , 1964, 9.

［51］ Perkins, D. H. , "Reforming China's Economic System", *Journal of Economic Literature*, Vol. XXVI (June) 1988.

［52］ Phelps, E. S. , "The New View of Investment: a Neoclassical Analysis", *Quarterly Journal of Economics*, 1962, Vol. 76, No. 4 (Nov.) .

［53］ Prescott, E. C. , "Needed: A Theory of Total Factor Productivity", *International Economic Review*, 1998, 39.

［54］ Ramesy, F. , "A Mathematical Theory of Saving", *Economic Journal*, 1928, 38.

［55］ Rebelo, S. , "Long Run Policy Analysis and Long Run Growth", *Journal of Political Economy*, 1991, 99.

［56］ Robert M. Solow, "A Contribution to the Theory of Economic Growth", *Quarterly Journal of Economics*, 1956, Vol. 70, No. 1, (Feb.) .

［57］ Robert M. Solow, "Technical Change and The Aggregate Production Function", *Review of Economics and Statistics*, 1957, (39) .

［58］ Romer P. M. , "Increasing Returns and Long-Run Growth", *Journal of Political Economy*, 1986, 94 (5) .

［59］ Romer, Paul M. , "Endogenous Technological Change", *Journal of Political Economy*, 1990, Vol. 98, Issue 5.

［60］ Romer, Paul M. , "The Origins of Endogenous Growth", *Journal of Economy Perspectives*, 1994, (8) .

［61］ Robert M. Solow, "Competitive Valuation in a Dynamic In put-Out put System", *Econometrica*, 1959, Vol. 27, No. 1, (Jan.) .

［62］ Robert M. Solow, "Technical Progress, Capital Formation and Economic Growth", *American Economic Review*, 1962, Vol. 52, No. 2.

［63］ Samuelson, "The Pure Theory of Public Expenditure", *Review of Economics and Statistics*, 1962, 36.

［64］ Schmidt, P. , "Frontier Productions", *Econometric Reviews*, 1986, 4.

［65］ Sharma S C. Sylwester K. Margono H. , "Decomposition of Total Factor Productivity Growth in U. S. States", *Quarterly Review of Economics and Finance*, 2007 (47) .

［66］ Uzawa, H. , "Optimal Technical Change in an Aggregative Model of Economic Growth", *European Economic Review*, 1965, 38.

［67］ Weitzman, M. L. , "Recombination Growth", *Quarterly Journal Economics*, 1998, Vol. cxiii, No. 2.

［68］ Yang, X. and J. Borland, "A Microeconomic Mechanism for Economic Growth", *Journal of Political Economics*, 1991, 99 (3) .

［69］ Young, A. , "Increasing Returns and Economic Progress", *Economic Journal* 1928, 38 (152) .

［70］ Young, A. , "The Tyranny of Numbers: Confronting the Statistical Realities of the East Asian Growth Experience", *Quarterly Journal of Economics*, 1995, 110 (3) .

著作类:

［71］ Acemoglu, D. , *Fabrizio Zilibotti*, *Productivity Differences*, NBER Working Paper, No. 6879, 1999.

［72］ Acs, Z. J. , Carlsson B. , and Karlsson C. , *Entrepreneurship*, *Small and Medium Enterprises and the Macro-economy*, London: Cambridge University Press, 1999.

［73］ Aghion, P. , Peter H. , *Endogenous Growth Theory*, MIT Press, 1998.

［74］ Audretsch D. B. , *Entrepreneurship: A Survey of the Literature*, Working Paper Prepared for the European Commission, Enterprise Directorate General, 2002.

［75］ Casson. M C. , *The Entrepreneur: An Economic Theory*, Oxford: Martin Robertson. 1982.

［76］ Chandler, A. D. , Jr. , *The Visible Hand: The Managerial Revolution in American Business*, Cambridge: Harvard University Press, 1977.

［77］ Denison, E. *Sources of Economic Growth in the United States and the Alter-natives Before Us*, Supplementary Paper No. 13, The Committee for Economic Development: New York, 1962.

［78］ Felipe, J. , JSL McCombie. *Methodological Problems with Recent Analyses of the East Asian Miracle*, Mimeo, Asian Development Bank, 1998.

［79］ Geroski, P. A. , *Market Structure, Corporate Performance, and Innovative Activity*, Oxford University Press, Oxford, 1994.

［80］ Greenwood, J. , *Representing Interests in the European Union*, London: Macmillan, 1997.

［81］ Grossman, G. M. , and Helpman, E. , *Innovation and Growth in the Global Economy*, Cambridge: MIT Press, 1991.

[82] Harrod R. F. , *Towards a Dynamic Economics: Some Recent Development of Economic Theory and Their Application to Policy*, London: Macmillan, 1948.

[83] Kendrick, J. , *Postwar Productivity Trends in the United States*, 1948 ~ 1969, New York: National Bureau of Economic Research, 1973.

[84] Romer, Paul M. , *Increasing Returns and New Developments in the Theory of Growth*, NBER Working Papers 3098, 1992.

[86] Smith, A. , *An Inquiry into the Nature and Causes of the Wealth of Nations* (Fifth edition), London: Methuen and Co. , Ltd. , ed. Edwin Cannan, 1904.

[87] Young, A. , *A Tale of Two Cities: Factor Accumulation and Technical Change in Hong Kong and Singapore*, NBER Macroeconomics Annual, 1992, pp. 13 ~ 54.

[88] YU, T. F. , *Entrepreneurship and Economic Development in Hong Kong*, Knowledge Advances in Asia- Pacific Business, 1997.

后　记

　　本书是在我的博士学位论文的基础上修改而成的。就中国经济现实来说，目前最重要的是实现我国经济快速增长的持续性和稳定性问题。经济增长质量离不开效率的提升，作为实现效率的主要来源之一的管理投入，对其的经济学研究既不失一般性，又具有独特之处，因为理论界关于增长效率的研究一直以来是热点。

　　很幸运能在南京大学读博，感谢百年南大积淀的智慧和文化，更感谢南大为我们创造了浓厚的学术和科研氛围，在南大我才真正体会到了学问的博大和精深，真诚祝愿南大万古长青。

　　非常感谢我的博士生导师沈坤荣教授。沈老师作为我博士论文的指导教师，我的论文选题、架构、乃至观点表达，都浸透着他的心血。沈老师开阔的学术视野、宽广的学术胸怀、严谨的学术作风永远是我学习的楷模。在论文完成之际，我要对为我的学习和成长付出大量心血的恩师致以深深的谢意。正是他创新的智慧和严谨的治学态度，让我受益良多，使论文得以最终完成。恩师对我的指点与关怀，如绵绵春雨，长润我心。但由于本人的愚钝、天资和学识有限，论文还有很多需要改进和完善之处，并且可能有很多地方无法达到导师的要求和所希望的结果，论文中可能存在的错误与纰漏完全由自己负责。

　　其次，要感谢传授我学业知识与教诲我做人道理的南大的许多老师们，是他们的授教让我得以圆满完成学业。感谢洪银兴教授、范从来教授、刘志彪教授、梁东黎教授、安同良教授、郑江淮教授、葛扬教授、李晓春教授、杨德才教授、高波教授、谢建国教授、裴平教授、于津平教授等老师的传道授业，衷心感谢南大校园园丁般老师们辛苦的付出。

　　再次，要感谢南京大学研究生科研创新基金对我博士论文的资助。我的论文选题从我开始博士学习不久就得到了南京大学研究生科研创新基金的认可与资助，使我有了参加各种学术活动的积极动力和条件，读博期间参与了国内多个经济与管理方面的学术会议，得到了很多国内经济学前辈和同仁的指点，使我受益匪浅，在此一并感谢。

我还要感谢我的妻子和我的家人。读博三年，妻子任劳任怨，消除了我读博的后顾之忧。儿子健康地成长给予我许多的快乐和精神的支持，是他稚嫩的笑容荡涤了我生活和学习中所有的疲劳。感谢所有关心、帮助和支持我的人！

论文的写作过程是艰辛的。写作期间不少论文的公开发表也为写作带了的喜悦和快乐。相关的一些论文发表在《科研管理》、《经济学家》、《当代经济科学》、《财经科学》、《当代财经》、《科学学与科学技术管理》等刊物上。但我深知，本书的研究还是起步，还有很多需要完善和有待深入研究的地方。未来的学术研究需要自己加倍努力，力求取得更为有影响力的成果，以便为经济学和管理学理论的发展和我国经济增长作出应有的贡献。

周卫民

2012 年 4 月